センスのよい考えには、「型」がある

佐藤真木
電通 シニア・マーケティング・ディレクター

阿佐見綾香
電通 マーケティング・コンサルタント

感覚を言語化する
インサイト思考

サンマーク出版

何からどう考えていけばいいのか

〝裏側から考える〟のが「インサイト」の思考法です。

はじめに：インサイトを考えると、仕事や人生が楽しくなる

一生懸命頑張っているのに、
なぜか、努力が報われない。うまくいかない。そういうときってありますよね。

自分なりに考えて、準備してしっかりと説明したつもりなのに、
急にふわっと出してきた同僚の意見が通ってしまう。
（確かに同僚の意見は良かったけど、自分も頑張ったのに……）

頭を捻《ひね》って何か発言しても、
「なるほどね」と言われたまま、それ以上の進展がなかったり、
「ふーん」と言われて終わってしまう。

気がついたら、隣のあの人や、後輩のあの子は、
突破口になるような解決策をポンっと出したりして、
みんなが「なるほど！」と思うようなアイデアで次々と成果を上げている。

さらに、彼らは楽しそうにも見えたりして……。

「これって何か裏があるんじゃないの？」と怪しんでしまう人もいるかもしれません。

でも、その勘は正しい。

そうです。「**裏**」があるんです。

でも、「裏」と言っても、悪いことではありません。

いわば「**いつもの思考**」**の裏側**です。

マーケティング用語では「**インサイト**」と言われます。

優れたアイデアや解決策を出してくる人は、ほとんど無意識に「インサイト」を探し出して使っています。しかし、優れたアイデアを生み出す源泉となっている、この「インサイト」を探し出すための「裏側の思考法」を詳細かつ具体的に説明してくれることは、今まで多くはありませんでした。

そこで、この本では、多くのプロフェッショナルと言われる人たちが、無意識的にインサイトを探し出している思考法を改めて分解してまとめることで、誰もが、優れた「インサイト」

を見つけられるようにしていきたいと思います。

闇雲に努力して、ひたすらにアイデアを捻り出そうとするよりも、たった一つの「インサイト」さえ見つかれば、信じられないような高い確度で、より多くの人を動かせるような、優れたアイデアが発想できます。

「インサイト」に基づいた、一つの優れたアイデアは、行き詰まった会議やあなたの仕事を、大きく前進させます。

なぜ、あの人は同じデータを見ているのに、飛び抜けた発想ができるのか？

さて、なぜ「裏」がいいのでしょうか？

それは、普段は表に出ない「隠れたホンネ」にたどり着けるからです。

「裏側から考える」だけで、新たな発想が見えてくる。仕事が一気に面白くなる。

それを体感してもらうために、ここで一つ事例を見ていきましょう。

あなたは、コカ・コーラを売る仕事をしていて、「マンネリ化したこれまでとは違う、新しい広告を作って、コカ・コーラをもっと売りたい！」と考えているとしましょう。そのために、次ページ図0－2のグラフを見たとして、どんな情報が得られるかを考えてみてください。ど

図0–1　「裏側」から考える

裏　いつも使わない思考　見えないものを捉えて考える
表　いつも使っている思考　見えるものから論理的に考える

図0―2　コカ・コーラはどんなときに飲みたくなるのか？

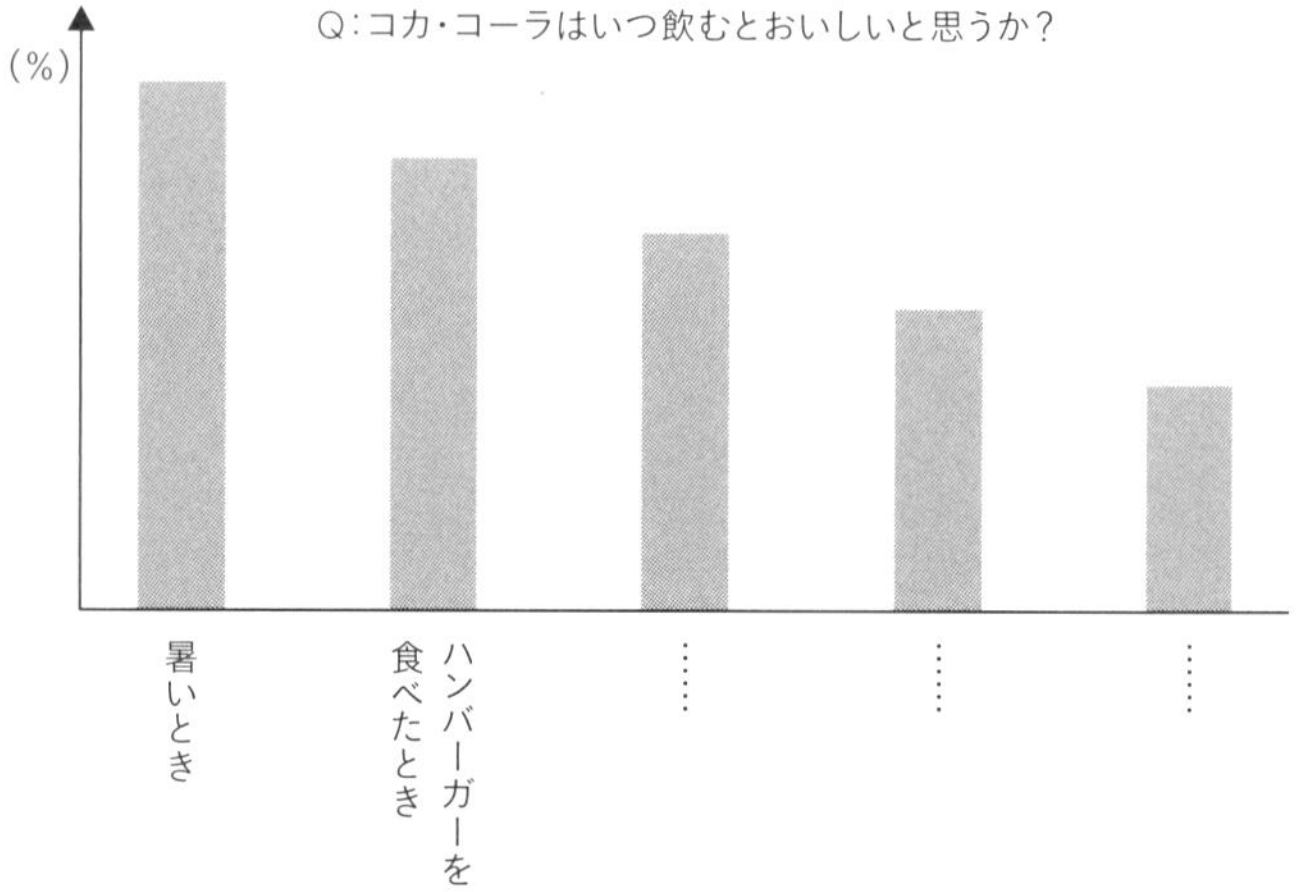

出典：『広告マーケティング力』（広告マーケティング力編集委員会編 誠文堂新光社）から筆者が作成

んなことがわかりますか？　よくあるアイデアは次のようなものではないでしょうか？

A：「暑いとき」「ハンバーガーを食べたとき」のデータ数値が一番高い ➡ 「暑いときに、ハンバーガーと一緒にコカ・コーラを飲む」シーンを描いた販促ポスターを作ろう！

「うーん、どっかで見た感じだよね……」

広告を見た人からは、きっと、そんな感想が出てくることでしょう。当初目指していた「新しい広告」からは遠く離れています。

一方、実際のこの広告の担当者は、次のようなことを考えたそうです。

B：「暑いとき」「ハンバーガーを食べたとき」にコカ・コーラを一番飲みたくなるというの

図0−3 「無性に飲みたい」を検証する

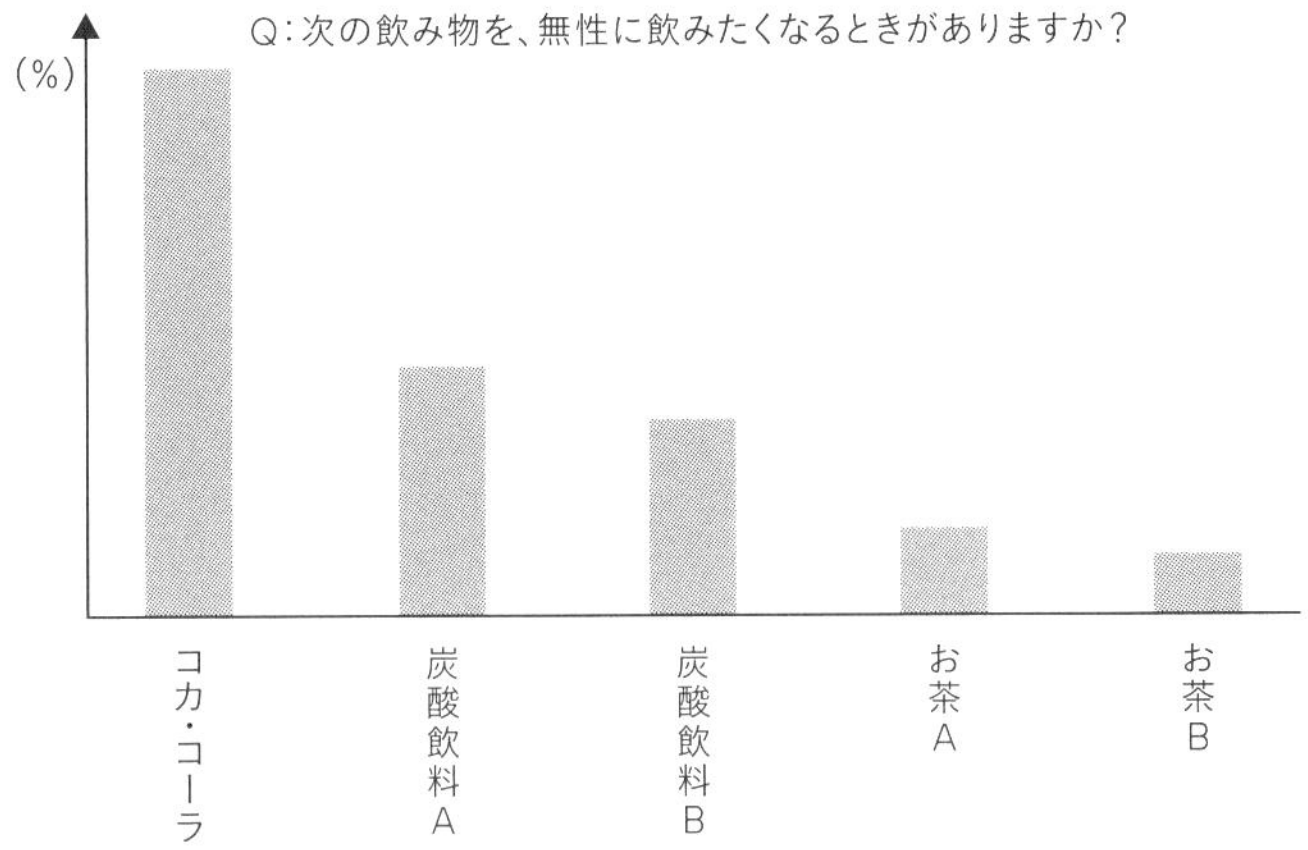
Q:次の飲み物を、無性に飲みたくなるときがありますか?
(%)
コカ・コーラ
炭酸飲料A
炭酸飲料B
お茶A
お茶B

出典:『広告マーケティング力』(広告マーケティング力編集委員会編 誠文堂新光社)から筆者が作成

は、果たして本当だろうか？ ⬇ 自分の実感として、どうも違うような気がする。他に、もっとコカ・コーラを飲みたくなる理由があるのではないか？

そこで、周囲の友人たちに「コカ・コーラはいつ飲むと美味しいと思う？」と尋ねてみたところ、みんな「うーん……いつって言われても……」と答えたそうです。

この生の声の「うーん……」は、先ほどのグラフの中には出てきません。

この「うーん……」とは、何なのでしょうか？　自分の感覚で表現するならば、「コカ・コーラには『急に無性に飲みたくなる』という衝動があるのではないだろうか？」と、担当者は思ったそうです。

そこで、この担当者は図0−3のようなア

ンケートを自分で作って、友人に回答してもらいました。

このグラフからわかるのは、コカ・コーラは、他の飲み物よりも「わけもなく、急に無性に飲みたくなる」ユニークな存在だということです。

そこで、実際に生み出されたのが、コカ・コーラの「わけもなく、急に無性に飲みたくなる」強い衝動を体感させる「No Reason（理由はない）」という広告です。少し前のものになりますが、2001年のコカ・コーラの広告で、爆発的に売上を伸ばした、日本独自のコミュニケーションでした。※1

※1　『広告マーケティング力』（広告マーケティング力編集委員会編　誠文堂新光社）

実は、この担当者がつかんでいた「コカ・コーラは、わけもなく、急に無性に飲みたくなる」という、データには表れてこなかった気持ちこそが「インサイト」です。

「暑いとき」「ハンバーガーを食べたとき」のような、すでに見えている「表側」の理由ではなく、その「裏側」にある「隠れていたホンネ」を見いだして、前例にない広告をヒットさせたのです。

図0－4、0－5に、この話をまとめます。

AとBとでは考える起点が違います。

図0−4　「No Reason」を生み出したインサイト思考

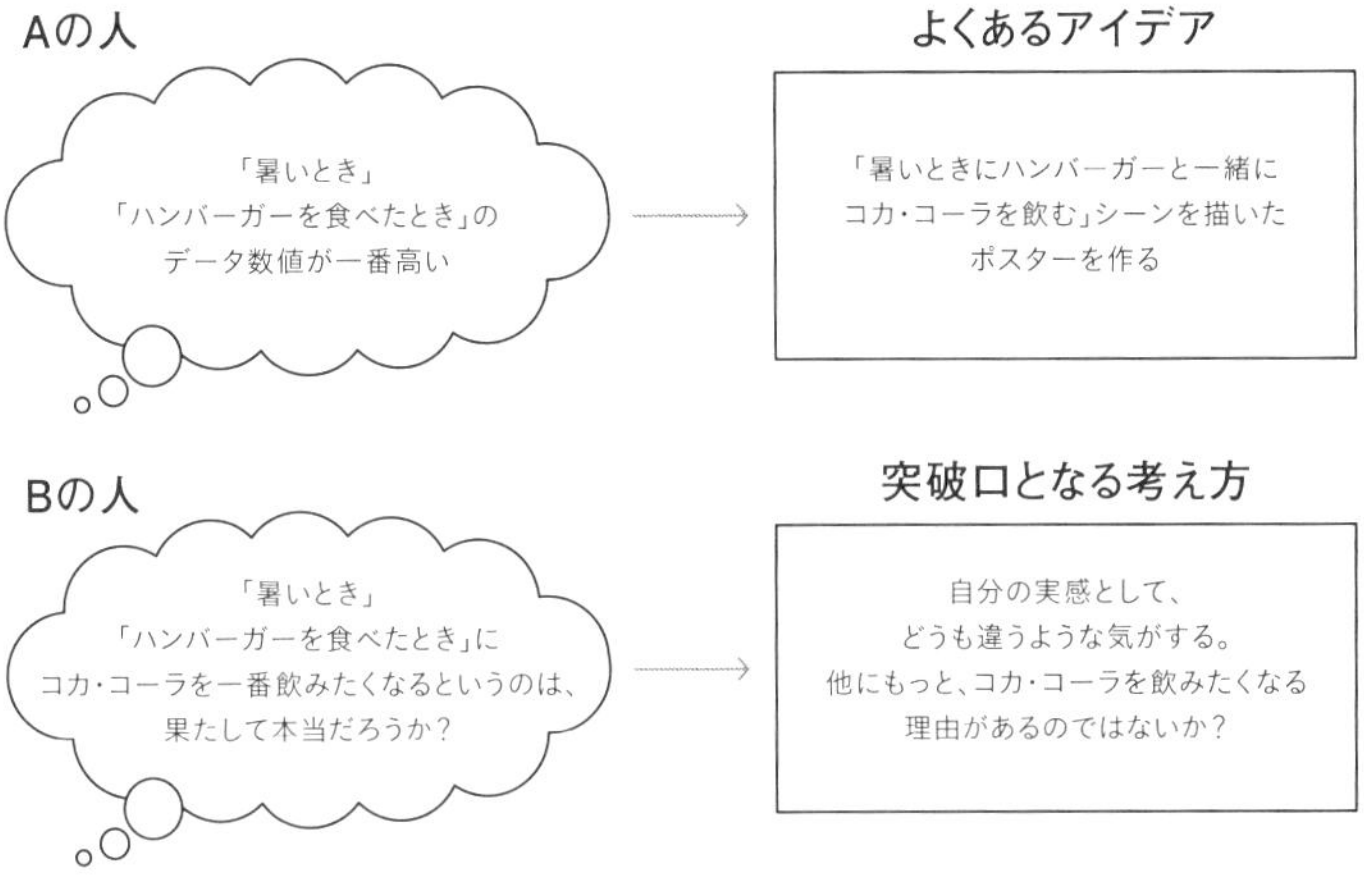

図0−5　「表側」から考えるか「裏側」から考えるか

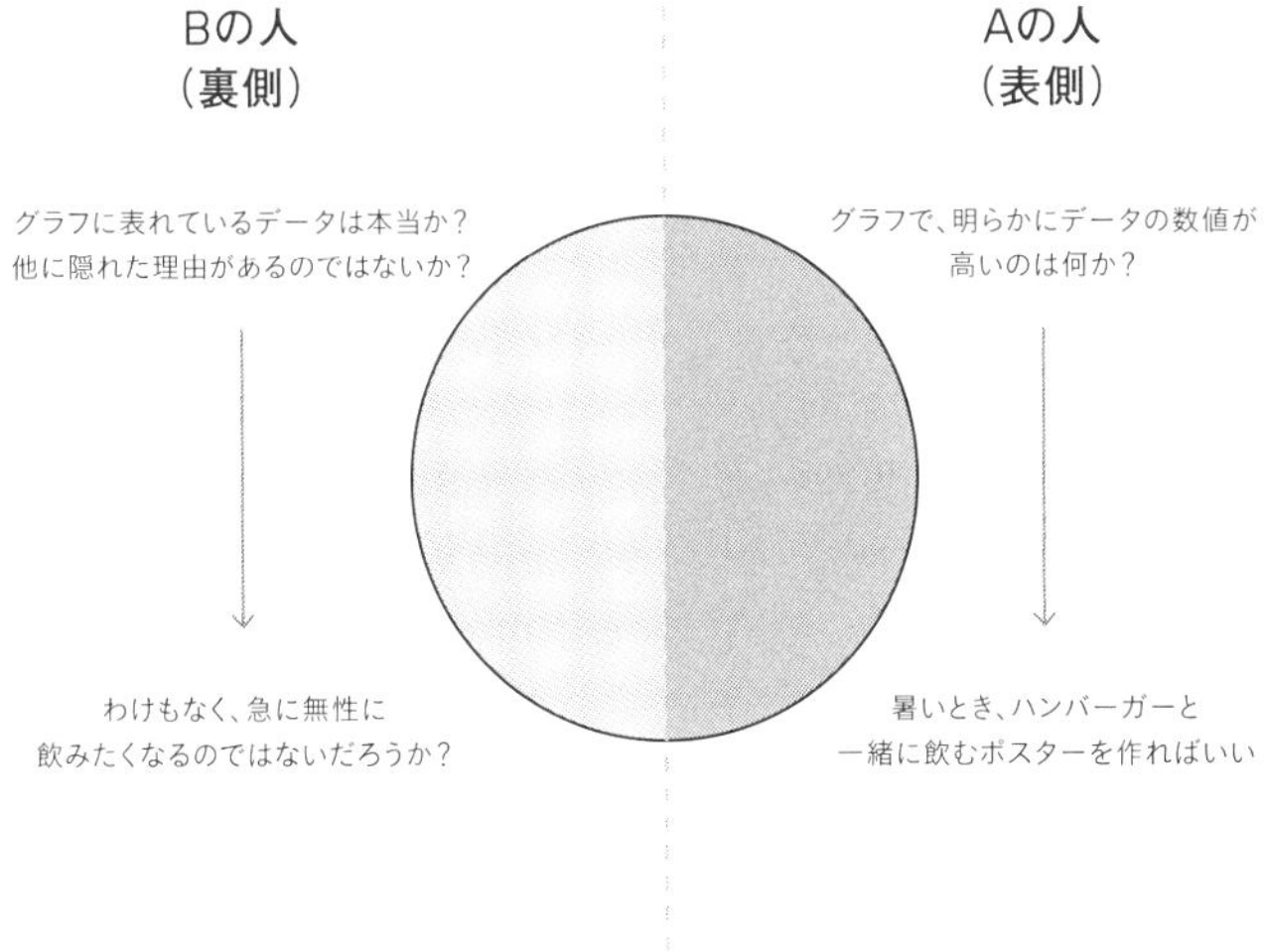

Aは、「表側」から見えるデータの数値のどこが高いか、から考えていきました。

Bは、グラフのデータだけではわからない、その「裏側」を考えていきました。

そして、「コカ・コーラはわけもなく、急に無性に飲みたくなるものである」という人々の「隠れたホンネ」に気づき、それこそが、「暑いとき」や「ハンバーガーを食べたとき」よりも、最もコカ・コーラを飲みたいと強く感じる瞬間であり、人々がコカ・コーラに感じているユニークな魅力であると設定して、そこから広告を考えていきました。


どちらが突破口となる解決策となりそうか、仕事が楽しくなりそうか、その差は歴然です。

「表側から考えるか、裏側から考えるか」で、アウトプットは大きく変わります。

表側から考えて行き詰まりそうなときは、裏側から考えてみることで、「確かに!」「言われてみれば!」「そうそう、それがこの商品の魅力!」「よくぞ言ってくれた!」と共感されるインサイトを生み出すことができるのです。ひいては、それが、売上を上げる優れたアイデアを発想する突破口になっていくのです。

とはいえ、この「裏側から考える」ことが難しい。

こんなときこそ「インサイト思考」の出番です。

「言ってほしい」を「言ってあげれば」相手は動く

「裏側から考える」インサイト思考を一言で説明するならば、「インサイト＝人を動かす隠れたホンネ」を考えていく思考法です。行き詰まった現状を突破し、少ない力でより大きな成果を得られるのがそのメリットです。

モノも情報もあふれる現代では、ターゲット＝顧客となる人を中心に考えることの大切さがよく指摘されており、「お客様目線で考える」「顧客起点で考える」「n＝1分析」など、様々な言い方がされています。

「インサイト思考」では、これらのターゲットを分析する中でも、特にターゲットを動かす原動力となり、ターゲット自身でも、うまく言葉にして自覚できていない「隠れたホンネ」を考えることを提案しています。

そもそも、どんな仕事でも、人生の様々な出来事でも、**最も考えるべき大切なことは「相手の気持ち」です。**

相手の気持ちが満たされることこそが、どんな仕事や人生でも〝うまくいく〟ことに他ならないからです。

いやいや、もちろん、相手の気持ちはいつもちゃんと考えているよ、とあなたは思うかもしれません。

そして、おそらく、実際にあなたは相手の気持ちをちゃんと考えているのだと思います。
それは間違いないでしょう。

では、相手の「ホンネ」となるとどうでしょうか？
「ホンネ」は、基本的には言葉として表立って語られないことが多いので、
それを探るのは、本来的にすごく難しいことです。
当然、検索しても出てきません。

さらには、相手自身が気づいていない、
まだ相手が心の中で正確に言葉にして自覚できていない「隠れたホンネ」となると、
あなたは自信を持ってわかっていると言えるでしょうか？
でも、それがわかると、仕事も人生もうまくいくようになります。
例えば、自分でも自覚していない、言葉にできていない、本当にほしいものを誰かが言い当

てくれたとき、「そうそう、それがほしかった！」と嬉しい気持ちになった経験はありませんか？

「言ってほしい」ことを「言って」くれたら、「よくぞ言ってくれた！」と、すぐに動きたくなりますよね。

そう、裏側から考えて、

相手のホンネを最初に「言葉」にできた人がやっぱりうまくいくのです。

相手の心を動かせば、その心とつながったカラダも動き出します。

つまり、相手の行動を変えることさえもできるのです。

相手自身も、自分では気づいていない「人を動かす隠れたホンネ」

それを、私たちは「インサイト」と呼んでいます。

PayPalの創業者であり、世界で最も有名なベンチャーキャピタリストの一人でもあるピーター・ティールは、著書『ゼロ・トゥ・ワン』（NHK出版）の中で「新しい何かを創り出すには、隠れた真実を見つけなければならない」と言っています。

裏側から考えて、隠れたホンネを見つけ、それを言葉にすることで、物事の実現性は増していきます。そのために必要なのが「インサイト思考」です。

この本ができた背景

私たちは、広告会社・電通で長年マーケティングを担当してきました。クライアントの商品をよく売れるようにしたり、こちらの狙い通りにイメージを持ってもらったり、生活者に動いてもらうためのマーケティング戦略を作るのが私たちの主な仕事です。その戦略に基づいて、人々に商品を買ってもらうための方法や広告の出し方が決まっていきます。

電通のマーケターは、クライアントから日々「売れない、あるいは売れなくなった商品をどうにかしてほしい」というご相談をいただきます。これまでのやり方では行き詰まってしまった、別のやり方を検討することが必要になった、などの局面を迎え、なかなかうまくいかない現状を打破するためのご相談が、次々と持ち込まれるのです。

それに対して私たちは、世の中の生活者の心とカラダを動かせるようなマーケティングができないかと、日々格闘しています。

そんな**電通のマーケターが現場で実践しているプロセスの中で、心臓部と言っても差し支えないのが「インサイト」**です。「インサイト」からアイデアを発想し、マーケティングを行うことで、なんとか生活者の心とカラダを動かすことはできないかと、考えています。
ただ、マーケティング業界や広告業界で毎日のように使われているこの「インサイト」は、「結局はマーケター一人ひとりの「センス」や「感性」「直感」[※2]に委ねる部分が大きい、属人的なものなのではないか？」と思われがちな風潮が今までありました。また、「インサイト」という言葉は、いまだに曖昧に使われ、その定義や探索手法も不明確なことが多く、その正体は謎に満ちたままのように感じます。

※2　「直感」と「直観」は、本来異なる意味を持つ言葉です。「直感」は、生まれつきの感覚やひらめきを指し、「直観」は経験によって培われる理解力を意味します。しかし、実際にはこの2つの言葉が混同されて使われることが多く、本来「直観」を使うべき場面でも「直感」が慣用的に使用されている実情がありますが、本書では正確な意味を重視し、以後、「直観」という言葉を使っています。

そこで私たちは、その謎に迫り、「インサイト」を発見する思考法を明らかにするために、業界内で実績を出すマーケターたちに詳細なインタビューを行ないました。「インサイト」のノウハウを必要とする誰もが、インサイトを発見できるようになることを目指し、今まで属人的なものだと思われていた暗黙知の言語化を試みています。その「インサイト」を発見する思考法を、本書では一冊にすべて詰め込んでいます。

本書は、以下のような方のために書かれています。

○いつも発想がありきたりになってしまい、センスの良い考えがまるで出てこない人
○データを見ていてもアイデアや解決策が、まったく出てこないと悩んでいる人
○マーケティングを勉強し、王道のやり方を実践してみても、思うように商品が売れるようにならなかったという人
○「これかも」という直観は湧くのに、それをうまく論理立てて社内や顧客に伝えられない人
○「アイデアや発想はセンスだ」と感じ、あきらめを感じている人
○凄腕《すごうで》の先輩や上司たちの「その手があったか！」「そうそうこれがほしかった……」というアイデアを見てきたけれど、いざ自分でやろうとしても、できる気がしないという人
○「これかも」という直観は湧くのに、自信がなくて言い出せずにお蔵入りになりがちな人
○「直観」では正しいと思うけれど、「数字で説明して」「論理的に説明して」と言われて説明ができなくなっている人

「隠れたホンネ」を見つける作業は非常に難しいものです。

そもそも「ホンネ」を見つけるなんてことは、おこがましいかもしれません。

でも、できる限り「ホンネ」に近いところまで想像すること、「そうだ」と思えることまで考え抜くことはできると思っています。その方法を本書では紹介していきたいと思います。

そして、あえて最初に一言断っておきますと、インサイトを見つける方法は、そう簡単ではありません。慣れないうちは、考えるべきステップも多いですし、失敗もするかもしれません。

しかし、その思考法のコツを一度でも体感的に理解できれば、自転車に乗れるようになった後のように、いちいちその都度、またゼロから練習しなくても、以後スイスイと思考が進められます。道具の扱いに修練を重ねるように、やればやるほど、上手になっていきます。

本書では、できる限り丁寧に、「インサイト」を見つける思考法を説明していきますので、一緒に歩んでいきましょう。

仕事で本当に大事なこと

この章の最後に、改めて思い出してみてほしいのですが、そもそも、仕事は何のためにしているのでしょうか？　それは、誰かの役に立つように、誰かが楽になるように、誰かが幸せになるように、仕事をしているのではないかと思います。そして、そのためには、誰かの心やカラダを動かす必要があるのです。

そして実は、「人を動かす隠れたホンネ」である**「インサイト」を探るプロセスは、ものすご**

く楽しい作業なのです。

例えば、大切な人へのプレゼントを選ぶことは、とても難しい作業でもありますが、喜んでもらえたら、すごく嬉しいですよね。

「何がほしいんだろう」「どうしたら喜ぶんだろう」と、相手の顔を思い浮かべながら、相手の気持ちの奥底にある、本人も自覚できていない「隠れたホンネ」を想像して、プレゼントを準備する。そうやって選んだものに対して、相手が驚いてくれたり、大喜びしてくれたら、その一連の作業は何事にも代えがたい楽しいものなのではないでしょうか。

つまり、仕事や人生を楽しく、うまくいかせるために、一番大切なのは、〝相手自身も気づいていない「隠れたホンネ」を考える〟ことなんです。

本書で一番体感していただきたいことは、

「インサイト」を見つけるプロセス自体が、非常に楽しい！

ということです。

過去数千年、数万年と、

人類は、相手のことを知りたい、人間というものをもっと理解したい！という欲望を持ち続けてきました。

そして、アレコレ試行錯誤しながら考えた結果、相手の「隠れたホンネ」を見つけた！と思って、相手が自分の思い通りに動いてくれて、相手が幸せになった姿を見たときの喜びは、何物にも代えがたかったのではないでしょうか。

本書では、人類が誕生して以来ずっと考え続けてきたのになぜか、今まで詳しく語られてこなかった「インサイト」を見つけるための思考法をまとめています。

しっかりとしたやり方や思考法、その順序立ったステップさえわかれば、**誰でも「インサイト」に近づけます。**

そして、それは仕事でも人生でも、一生役に立って、さらに楽しめる、あなたの武器になるハズです。それでは、「インサイト」を発見するための最高に楽しく、気持ちの良い旅に出かけましょう。

インサイトって
こんなときにも使える！

子どもがお風呂に入ってくれない！

嫌がっている子どもに、強い言葉で無理やり入らせる、というやり方も、しつけとしてなくはありません。ただそれだと、子どもは余計に泣いてしまうかもしれません。

それでは、こんな言葉だったらどうでしょうか。
「お風呂で、アヒルさんと遊ぼうよ！」
「お風呂で、電車遊びの続きをしようか！」

小さな子どもに接し慣れている方は、お察しかと思いますが、1つの正解はこのような一言です。とにかく、起きている間はずっと遊び続けたいのがこの年頃の子ども。**お風呂も「次の遊びの場」なのである、**と思わせることができれば、自分からすすんでお風呂に入ってくれるのではないでしょうか。

この場合の子どもの「インサイト」＝「子どもを動かす隠れたホンネ」は、**「1日中、ずっと遊び続けたい！」**ということです。
これは、子ども自身が気づいていない、言語化できていない「隠れたホンネ」です。小さな子どもだけに、さすがに自分の気持ちや欲望を言葉にして明確に自覚はできてないですよね。

インサイトって
こんなときにも使える！

なかなか振り向いてくれない相手を振り向かせたい

とある男性が、デートで素敵な女性を必死に口説いている場面があるとします。男性は、女性から「私のどこが好きなの？」と尋ねられています。男性は「かわいいところ」とか「キレイだし性格もいいし……」みたいな美辞麗句を連ねていますが、女性の反応はいまひとつ。

この男性は、いろいろ考えて次のような正解にたどり着きます。その一言は、「仕事を頑張っているところ！」。すると、女性は大変喜んで、その後お付き合いすることになったそうです。

おそらく、この女性は、「私のどこが好きなの？」と聞いている時点で、自分で「仕事のことを褒めてほしい」とは、明確には自覚していなかったと思います。それでは、この女性の「インサイト」＝「女性の心を動かす隠れたホンネ」は、何だったのでしょう？　それは**「パートナーとなる人には、自分が努力していることをちゃんと理解してほしい」**ということだったのではないでしょうか。

自分と今後付き合っていく人が、どれだけ自分のことを理解してくれているかは、パートナーを選ぶ判断基準として重要なことですよね。この男性はきちんと、女性と会話を重ねていく中で、女性自身も正確に言葉にして自覚できていない「隠れたホンネ」＝「インサイト」を探し出せたと言えます。

インサイトって
こんなときにも使える！

上司の言う通りにしているのに、反応がイマイチ……

あなたは新しい部署に配属され、新しい上司から「頻繁に仕事の報告をしてください」と言われたとします。そこで、あなたは、毎日事細かく上司に報告しました。しかし、その上司はいまいち浮かない表情をしていました。なぜでしょうか？

上司の反応が良くなったのは「仕事の結果と売上を報告したとき」だったそうです。

どうやら、社内の先輩や同僚に聞くと、上司はさらに上の経営層から、毎日のように、仕事の成果や売上について、逐一報告するようにせっつかれているとのことでした。

この場合の上司のインサイトは何だったのでしょうか？

それは、**「もちろん、仕事のプロセスも大事だが、特に、成果や売上など目に見える結果が出たら、すぐに報告してほしい」**ということだったのではないでしょうか。

社内に限らず、顧客や取引先からの要望に対して、言葉通りに対応したと思っていたのに、なぜか納得してもらえなかったり、場合によっては怒られたりすることも、よくありますね。上司自身も部下に対して、自分が本当に望んでいる「隠れたホンネ」を言葉にできていないことが多いのかもしれません。このように、社会でうまく立ち回る必要があるときにも、インサイトは大変役に立つのです。

目次

第2章 「インサイト」の見つけ方 ——「隠れたホンネ」を見つける出世魚モデル

第3章 実践「インサイト」の育て方

第6章 「インサイト」を使うときに本当に大切なこと

装丁・本文・図版デザイン　三森健太（ＪＵＮＧＬＥ）
ＤＴＰ・図版作成　有限会社天龍社
イラスト　カンフーうどん
校正　株式会社聚珍社
編集　多根由希絵（サンマーク出版）

第 1 章

「インサイト」って、何？

インサイトとは何か？

第1章では、最初にインサイトの定義と効果をまとめ、最後に「インサイトに似ているけれど、そうではないもの」を解説します。

●インサイトとは「人を動かす隠れたホンネ」である

・インサイトは「人を動かす」と「隠れたホンネ」という２つの要素からできている

・インサイトは「隠れたホンネ」だからこそ「人を動かす」

●インサイトの価値は「状況に隠れている本質を捉えて、一気に問題解決をすること」

・インサイトの反対のアプローチは「試行錯誤」である

●インサイトは「大ピンチを突破する羅針盤」として機能する

・優れたインサイトがあれば、莫大なお金や時間、人手がなくてもピンチを脱出できる

・優れたインサイトは、競争を避ける（by ピーター・ティール）

●機能するインサイトには「5つの条件」がある

①聞き手の内面に気づかせ、ハッとさせる新たな発見や驚きがあるか？

②人の発想を拡げるインスピレーションを感じさせるか？

③自分が心から腑に落ちているか？

④1行で言い表せ、誰もが理解できる明確な言葉にできているか？

⑤人間らしさ・人間の本質があるか？

●「インサイトではないもの」たち

①ニーズ　②ファインディングス　③常識／定説

インサイトって、何？ 1

インサイトとは「人を動かす隠れたホンネ」である

「インサイト」という言葉は、「マーケティング」や「戦略」と同様に、人によってそれぞれ定義がある、様々な解釈ができる言葉です。

世の中では、次のような定義がなされています。

○心を動かすツボ
○顧客自身も気づいていない隠れた本音や動機
○消費者が言語化できていない本音や動機
○気づかされれば購買欲求に変わるもの
○「これがほしかった」と言わせるものをつくるヒント

本書では、以下のように定義します。

インサイトとは：「人を動かす隠れたホンネ」

「インサイト」を定義するために、業界内で実績を出すマーケターたちに「『インサイト』とは何か」とヒアリングしたところ、人によって様々な、個性豊かな回答が集まりました。その中に見られる共通する要素を抽出すると、図1－1のように表すことができます。

図1－1の左側の「人間行動に影響する」や「ビジネスに結びつく」などのような「人を動かす」という要素と、右側の「心の奥底にあるドロドロとした無意識」や「言語化されていない心理」などのような、「隠れたホンネ」という2つの要素に集約できました。

自分でも、気づけていない「隠れたホンネ」

この中で、一番大切なのは「隠れたホンネ」という部分です。

なぜならば、「人は自分のホンネに気づいていないことも多い」からです。いや、自分の気持ちなんだから自分のホンネにはすべて気づいているよ、と思う方もいらっしゃるかもしれません。

でも、例えば、友人から思いがけず「あの人のことが好きなんでしょ」と指摘されてはじめて、「自分は、あの人のことが好きだったんだ」という自分のホンネに気づいた、というようなこ

図1—1　インサイトの定義

共通する要素を抽出すると、ずばり
「人を動かす」と「隠れたホンネ」の2つを満たすことが、インサイトの条件と言えそうです！

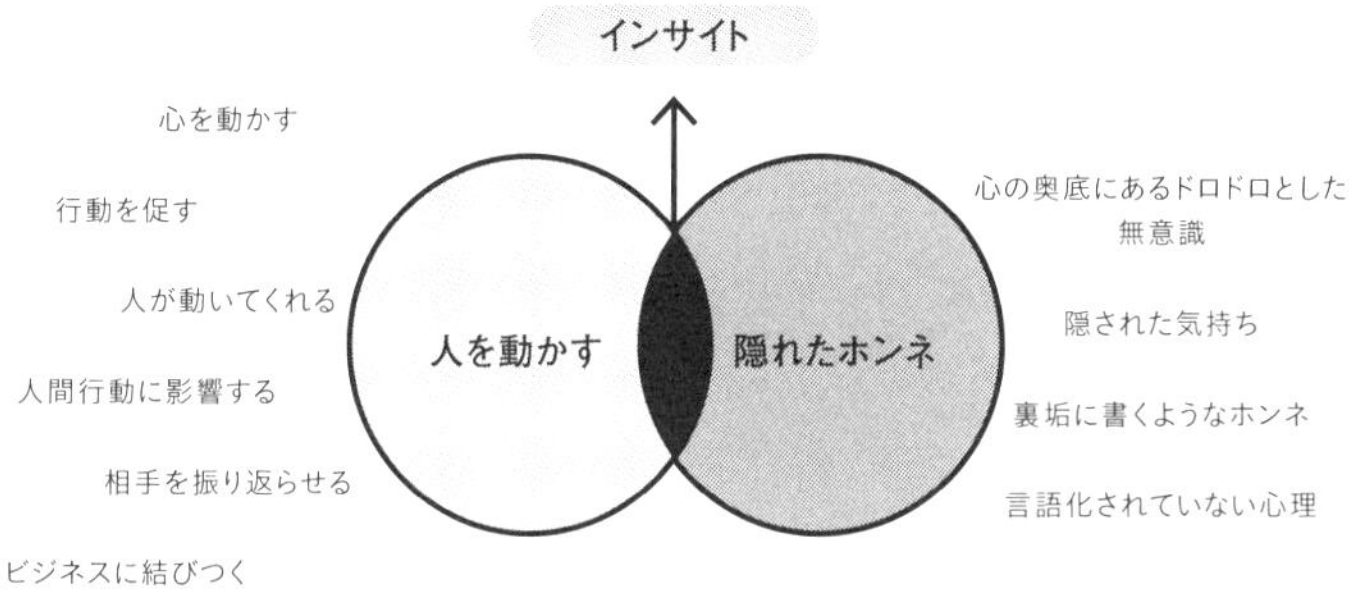

出典：著者作成

とは、みなさん思い当たる節があるのではないでしょうか？

それこそが自分でも気づかなかった〝隠れたホンネ〟です。つまり、「言葉にして明確に自覚できてはいなかった自分の本当の気持ち」を認識したのです。

こんな風に〝隠れたホンネ〟は自分でも気づいていないことがあります。それを精緻に言語化することで、相手に「自分がほしいものはこれだったんだ」「これが自分が大事にしたいことだったんだ」と感じてもらえれば、相手の心を動かすことができます。こうしたインサイトの見つけ方を知ることで、仕事や暮らしに役立てていこうということが本書の目的です。

「隠れたホンネ」だからこそ「人を動かす」

そしてその「ホンネ」が、真に迫ったものならば、「人の心やカラダを動かしてしまう」ということなのです。次の例のように、「思わず嬉しくなった」とか、あるいは「カッとなって言い返してしまった」のように、「ホンネ」は人の心やカラダを否応なく動かしてしまうものです。

いくつか、具体例を見てみましょう。みなさんが、普段の暮らしの中で感じているような身近な「隠れたホンネ」です。

・つらい状況を言い当てられて涙が出る

例えば、大変な状況でも、まったく弱音を吐かずに気丈に頑張り続けていたときに、ふと人から「あのときは、つらかったよね。大変だったね」と言われて、涙があふれ出てしまった、というような経験がある人もいるかもしれません。自分の本当の気持ちを自覚するような余裕がなかったり、正面から見ようとしないでいたときに、突然、自分の「隠れたホンネ」を言い当てられて、心とカラダが反応してしまったのではないでしょうか。

・見たくない自分の内面を言い当てられてイラっとする

他にも、うまくいかなかったことに対して「努力が足りなかったんじゃないの？」と相手に言われて、思わず「そんなことないよ！　あれ以上はできなかったよ！」と強く言い返してしまうようなことは、みなさんも心当たりがあるのではないでしょうか。自分でも内心どこかで「もしかしたら、もう少し努力できていたかもしれない」といった気持ちがあるものの、それを素直に認められずに「あれ以上はできなかった」と思いたいときです。

そのようなときに「努力が足りなかったんじゃないの？」と言われてしまうと、自分では気づきたくなかった「隠れたホンネ」であるからこそ、咄嗟《とっさ》に思わず強く言い返す、といったカタチで心とカラダが反応してしまうのではないでしょうか。自分では自覚できていない、いわゆる「コンプレックス」と言われるようなものに近い気持ちかもしれません。

こうしたことは、「隠れたホンネ」を言い当てられて、心とカラダが否応なく動いてしまう例の1つです。「隠れたホンネ」と人の行動は非常に密接に結びついているのです。

「インサイト」を探す意味

繰り返しますが、人は多くの場合、「自分自身の本当にほしいもの」を、正確な言葉で言語化できていないし、自覚できていないものです。だから、まわりの人に対して無意識的に、自分が本当にほしいものとは「少し違った」発言をしたり要求をしてしまったりします。

だからこそ、**その人の本当の欲望をうまく言語化して、その欲望に見合うような行動をしてあげられれば、相手に喜んでもらうことができます。**

そこに、「人を動かす隠れたホンネ」＝「インサイト」を探索することの価値と面白さがあるのです。

また、「人を動かす隠れたホンネ」の「人を動かす」の部分をより具体的に説明すれば、それは、**「ある目的（ゴール）を果たすために、狙った人たち（ターゲット）に、自分たちの期待しているように動いてもらう」**ということです。

この目的が、商品を買ってもらいたい、ということであれば仕事での話になりますし、「はじめに」で紹介した子育てやデートの例のように、身近な家族や知人を動かしたい、ということであれば暮らしの話になります。この汎用性の高さも「インサイト」の大きな特徴です。目的が違うだけで、仕事のケースでも暮らしの場面でも、「インサイト」を見つけるための方法論やプロセスは基本的には変わりません。

インサイトって、何？

2

インサイトの価値は「状況に隠れている本質を捉えて、一気に問題を解決すること」

インサイトの一番特徴的なメリットは、一気に問題解決に到達できることです。それを説明するために、まどろっこしいかもしれませんが、心理学の実験について話したいと思います。

「インサイト」は、「洞察」と直訳されますが、明確な日本語訳は定まっていません。

歴史的には、約100年前にヨーロッパで行なわれたチンパンジーと人間との共通性を研究する認知心理学の実験の中で生まれた「インサイト学習」という概念を「洞察学習」と訳したことから、「インサイト」＝「洞察」と訳されるようになり、学問の世界を中心に使われるようになりました。

語源をたどると「インサイト」は、英語で「insight」です。分解すると「in＝内側」＋「sight＝見る」＝「insight＝内側を見る」、つまり先の実験で、チンパンジーにも人間のような「内側を見る＝心」があるのかどうか？を探るために、「インサイト」という言葉が使われ始めたのです。

インサイトの反対のアプローチは「試行錯誤」

「インサイト」に関する学術的な研究は意外と少ないのですが、今から100年ほど前にエストニア出身のドイツ人心理学者ヴォルフガング・ケーラーが面白い実験をしています。お腹を空かせたチンパンジーに対して、バナナを天井から吊るしました。でも、バナナはチンパンジーがジャンプしても届かない高さにあります。部屋には木箱を3つ用意しました。すると、チンパンジーは、3つの箱を積み上げてその上に乗って、見事に一発でバナナを取ることができました。ケーラーはこれを**「インサイト学習」**と呼びました。

ケーラーは、「インサイト学習」とは**「問題解決において、試行錯誤的に解決手段を探していくのではなく、諸情報の統合によって一気に解決の見通しを立てること」**と定義しています。[※1]

※1 『類人猿の知恵試験』(ケーラー著 宮孝一訳 岩波書店)、『欲望とインサイト』(坂井直樹・四方宏明共著 スピーディ)を元に筆者まとめ。

それでは、「インサイト学習」の反対とは何でしょうか？ それは、アメリカの心理学者、エドワード・ソーンダイクが提唱した**「試行錯誤学習」**というモデルだと言えるのではないかと、筆者は考えています。

ソーンダイクは次のような実験をしました。お腹を空かせた猫を柵のついた箱に入れます。

柵の外には餌があります。箱の中には紐がぶら下がっており、紐を引くと柵が開く仕組みになっています。すると、最初、猫は餌を取ろうとするが、柵があるのでうまくいきません。何度か餌を取ろうと繰り返して、何かの拍子に「偶然」によって「たまたま」紐を引くと、柵が開いて餌を取ることができました。この「たまたまの偶然的試行」を繰り返すことで、猫は「試行錯誤」的に問題解決をし、成功までにかかる時間を少しずつ短縮させていきます。

猫の一連のこの試行には、チンパンジーの「問題解決において、諸情報の統合によって一気に解決の見通しを立てる」ような「インサイト学習」は見られませんでした。

インサイト学習

試行錯誤学習

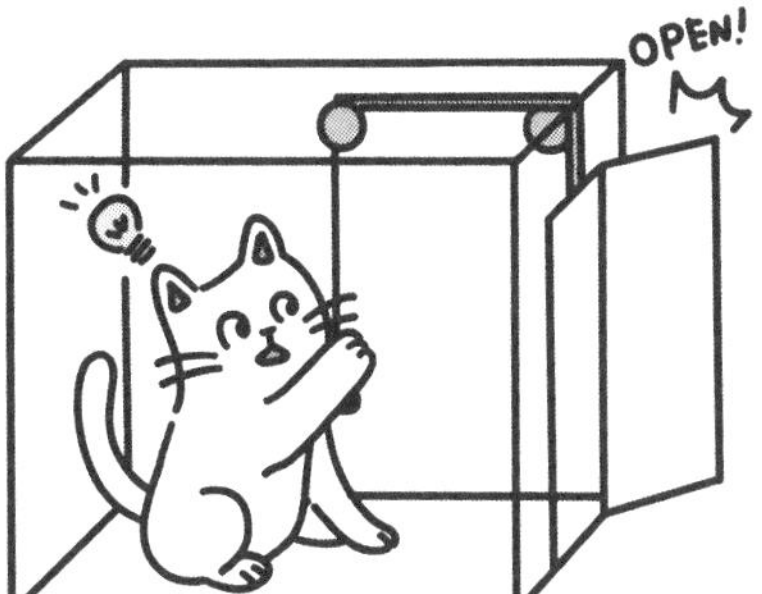

一発で鮮やかに問題解決に至る「インサイト」

もうおわかりだと思いますが、猫と違ってチンパンジーは「試行錯誤」せずに「インサイト学習」によって一気に問題解決に至りました。その解決策は突然現れるように見えることもあるかもしませんが、「インサイト学習」は偶然の産物ではありません。それは周囲の状況を注意深く観察（洞察）して、何かしらの「発見」をすることで、必然的に一発で問題解決に至るのです。そこに、反復の中で偶然の問題解決を期待する「試行錯誤」との大きな違いがあります。

データマーケティングおけるABテストのような「試行錯誤」によって、成功の確率を少しずつ上げていく方法論も大切ですが、その反対のアプローチが、一発で鮮やかに問題解決に至る「インサイト」的な思考法をベースにした方法論だと覚えておくとよいかもしれません。

それに、一発で鮮やかに問題解決に至ったときの快感が何物にも代え難いところも、「インサイト」的思考法の大きな魅力です。

ここまでの話をすると、インサイトとは次のようなことと言えるでしょう。

「インサイト」とは……
「人を動かす隠れたホンネ」であり、

「インサイトの価値」とは……

表面的な情報をもとに試行錯誤して問題解決をするのではなく、**裏側に隠れた情報を、あなた独自の視点で洞察し、一気に問題解決をすること。**

「エレベーターの待ち時間」のインサイト的な思考法

ここで、「試行錯誤」的な思考と「インサイト」的な思考の事例を1つ見てみましょう。

よく使われている例ですが、あなたは「出勤時の会社のエレベーターの待ち時間が長く、社員から大きな不満の声が上がっている」という問題の解決策を考えるように言われたとします。

まず、誰もが思いつくのは、「エレベーターの数を増やす」「エレベーターの速度を上げる」「エレベーター同士が効率的に運行できるように最新のシステムを導入する」といったアイデアです。

しかし、これらは、比較的誰でも思い浮かぶアイデアでしょう。こんな風に、表面的に見えていることだけから「これをやろう」「あれをやろう」というのは「試行錯誤」的な思考で出てくるアイデアです。そして、みんなが思いつくのに、まだ着手していないこれらのアイデアは、予算や時間、人手が足りなくてできないということが多いのです。あえて「解決策を考えてくれ」と言われたのであれば、違うことを考えたほうがよいかもしれません。

それでは、予算も時間もないときに、どうすればよいのでしょうか？


あなたは、エレベーターの前で待っている人を観察します。すると、何人かがカバンからふと鏡を取り出して、髪型などを確認していることに気づきます。そしてあなたは次のような画期的なアイデアを思いつくのです。

「エレベーターの近くに、鏡を置けばいいのではないか？　そうしたら、オフィスへの出社直前のエレベーターの待機時間を、自分の髪型や服装などの身なりをチェックする時間にしてもらえるのでは？」と。つまり、エレベーター自体を速くする、のではなく、エレベーターを待っている人が、「待っている、と感じないようにする」という発想です。

これこそが「インサイト」的な思考法です。この場合のインサイトである「人を動かす隠れたホンネ」は、「待ち時間そのものが不満なわけではなく、手持ち無沙汰で無駄な時間だと感じてしまうことが不満」ということです。そして、そのインサイトを発見できたからこそ発想された画期的なアイデアが「エレベーターの近くに、鏡を置けばいいのではないか？」です。

この2つの思考法は、図1－2、1－3のような違いが見てとれます。

図1―2　「試行錯誤」と「インサイト」の比較

エレベーターを増やす、速度を上げる、最新システムの導入

＝「試行錯誤」的な思考法

表面、表層的、部分最適、単一情報、誰が見ても同じ視点

エレベーターの近くに鏡を置く

＝「インサイト」的な思考法

裏側、本質的、全体最適、諸情報の統合、あなた独自の視点

図1―3　「表」と「裏」の比較

「試行錯誤」		「インサイト」
表面	↔	裏側
表層的	↔	本質的
偶然の発見／低確率	↔	必然の到達／高確率
部分最適	↔	全体最適
バラバラな単一情報	↔	諸情報の統合
誰が見ても同じ視点	↔	あなた独自の視点

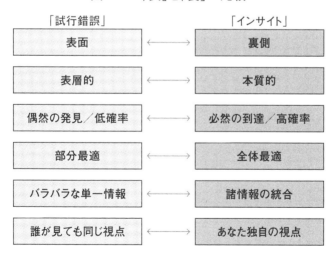

インサイトって、何？

3

インサイトは「大ピンチを突破する羅針盤」として機能する

「インサイト」の威力が最も強力に発揮されるような場面があります。

それは、「大ピンチ」や「どうにもこうにも行き詰まった」状況です。

それでは、ここで、大ピンチを乗り切るような「インサイト」を、もっと具体的に理解するために、みなさんも知っているような世界史上有名な「インサイトを使いこなした人」を例に挙げて考えてみましょう。

「インサイト孔明!?」

「インサイトを使いこなした人」としては、様々な意見があるかと思いますが、一人挙げるとすれば、三国志で天才的戦略家として有名な「諸葛亮孔明《しょかつりょうこうめい》」が挙げられるでしょう。

戦場の戦略家、いわゆる「軍師」である孔明は、数々の伝説的な逸話を残していますが、その中の1つに「空城の計」という有名な心理的策略があります。「インサイト」を非常にうまく使った例なので(三国志に興味のない方も少し我慢していただきつつ)ここで紹介させてください。

孔明が軍師として仕える「蜀《しょく》」という国が、敵国の「魏《ぎ》」へと大きな戦いを仕掛けている最中、孔明は仲間の武将に主力部隊を預けて、自身は残りの非常に少ない兵とともに「蜀」にとどまっていました。しかしそこへ、敵の司馬懿《しばい》率いる魏軍が20万の大軍を率いて攻め寄せてきてしまいます。圧倒的不利な状況で不安と緊張が走った味方兵に対して、孔明は、城内を掃き清めさせて平常を装い、兵士たちには、なんと門を開け放った上で姿を隠すように命じます。そして自らは一人、城楼に上って琴を演奏し、敵を招き入れるかのような仕草をします……。

城門に到達した司馬懿は、何か孔明の策があるのではないかとおびえ、「これは孔明の罠であるに違いない!」と判断し、自軍に攻撃を命じることができませんでした。そして、なんと兵数で圧倒的な優位を誇っていたにもかかわらず、魏軍は撤退してしまったのでした。

司馬懿は後に、この「空城の計」こそが孔明の計略であったことを知ると、地団駄を踏んで悔しがったということです。[※2]

※2 『三国志(吉川英治歴史時代文庫)』(吉川英治著 講談社)を参照。

この計略で、孔明が見つけたインサイト=「人を動かす隠れたホンネ」とは何でしょうか?

敵軍の司馬懿も天才的な百戦錬磨の軍師なので、そう簡単には、騙されません。騙されにくい人を騙すにはどうすればいいのでしょうか？　騙されにくい人というのは、騙されやすい人が引っかかってしまうような「好都合な条件」を見せられても、なかなか動きません。孔明が注目したのはまさにそこなのです。

「ただでさえ騙されにくい司馬懿に、あえて〝好都合過ぎる条件〟を見せれば、むしろ最大限に怪しんで絶対に動かないのではないか」ということです。

つまり、この場合の孔明が見つけた、司馬懿自身も自分で気づいていなかったような「隠れたホンネ」は、

「(司馬懿のような)賢い人は、好都合過ぎる条件になればなるほど、警戒して(愚かな人のようには)動かない」

です。このインサイトを発見したことで、孔明は絶体絶命のピンチでも、時間や労力をほとんどかけることなく、切り抜けることができたのでした。

このような八方塞がりで大ピンチな状況においても、手間暇かけずにピンチを乗り切る作戦を考える大きな手掛かりや羅針盤になるのが、まさに「インサイト」の最大の価値なのです。

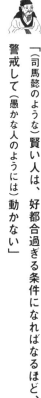

より正確に言うならば、人の気持ちや心理をうまく使って施策を考える「インサイト思考」を取り入れれば、お金も時間も人手もかけられないというときであっても、頭を絞ってインサイトを考えさえすれば、うまく大ピンチを乗り切れる可能性がある、ということです。

大ピンチを乗り切ったビジネスでのインサイト事例：「ガリガリ君の値上げCM[※3]」

ここで「インサイト」を使って、大ピンチを乗り切ったビジネスでの事例を紹介させてください。誰もが知るアイスキャンディー「ガリガリ君」の2016年の値上げCMです。1991年以来、25年ぶりに「ガリガリ君」の価格を60円から70円に値上げすることを、昔流行った高田渡のフォークソング『値上げ』をBGMに、会長、社長以下100名以上の社員が総出で本社玄関前に整列して頭を下げて伝える、という内容になっています。従来ならあまり企業が積極的には触れたがらないネガティブな「値上げ」という話題を、このようなCMに仕立てて放映したことによって、消費者からは値上げに批判的な声よりも、「そんなに長い間、値上げしていなかったのか」「70円でも十分に安い」といったポジティブな声があふれました。[※3]

※3 「『ガリガリ君に謝らせるわけにはいかない』、社員総出の値上げお詫びCMに25年前の反省」日経XTREND（https：//xtrend.nikkei.com/atcl/case/nmg/18/060100159/）

このCMが意図していたのは、おそらく「企業努力をしてもどうしても避けられなかった25年ぶりのやむを得ない値上げなら、その事実を真摯に伝えて謝れば、いつも「ガリガリ君」を買ってくれている消費者には理解してもらえるのではないか」ということでしょう。

ただ、ポイントは、「ガリガリ君」が値上げしてもせいぜい70円だという、絶対的に安い商品である、ということにあったのではないでしょうか。値上げ率で言えば、60円から70円への値上げというのは、16％近い値上げです。もし6万円の商品なら、約7万円へと1万円近い値上げであり、ネガティブな声が大きく上がったかもしれません。

つまり、この場合の消費者の「隠れたホンネ」は、「1本あたり60円という非常に薄利の商品なのに、25年間も企業努力をして値上げしないでいてくれたなんてすごい！　むしろ、ありがとう！」という気持ちではないでしょうか。だからこそ、謝罪しながら真摯に値上げを伝えたことで逆に、消費者に共感されるポジティブな意見があふれたのではないでしょうか。

値上げで昨年の販売本数の前年割れは避けられないと想定していたとのことですが、結果的には、前年同月比を10％上回る売行きを記録しました。このように、優れたインサイトがあれば、大ピンチもうまく乗り切れるのです。

「優れたインサイトは、競争を回避する」（byピーター・ティール）

さらに「インサイト」の大きな機能として、「競争を回避できる」というものもあります。

「はじめに」でも取り上げたピーター・ティールは、「ユニコーン企業と呼ばれるような爆発的に成長するスタートアップは、市場における『隠れた真実』を土台に築かれる」といったことを、繰り返し言っています。

○誰も築いていない価値ある企業とはどんな企業だろう？　正解はかならず「隠れた真実」となる。
○偉大な企業は、目の前にあるのに誰も気づかない世の中の真実を土台に築かれる。
○優秀な起業家は、外の人が知らない真実の周りに偉大な企業が築かれることを知っている。

（『ゼロ・トゥ・ワン』ピーター・ティール著　関美和訳　NHK出版より引用）

そして、さらに「競争は資本主義の対極にある」とし、誰も見ていない場所にある「隠れた真実」を探し出して、それをいち早く新規ビジネスとして起業できれば、競争することなく独占的な利益を生み出すユニコーン企業を築くことができるはずだ、と語っています。

つまり、「どうにもこうにも行き詰まっている大ピンチな市場」においても、まだ誰も気づいていない「隠れた真実」（＝競合会社や生活者やターゲットさえも自身で気づいていない隠れたホンネ）が見つかれば、独占的に大きな利益を生み出せる可能性が大いにあるということです。そして、それにいち早く気づければ、競争を回避できる状況を作れる、ということでしょう。

インサイトって、何？
4

機能するインサイトには「5つの条件」がある

ここまで、インサイトの定義と機能について説明してきました。自分たちの目的に沿って「人を動かす」ことができるインサイトには、実は、次の5つの条件があります。それでは順番に見ていきましょう。

1　聞き手の内面に気づかせ、ハッとさせる新たな発見や驚きがあるか？（Surprise）
2　人の発想を拡げるインスピレーションを感じさせるか？（Inspiration）
3　自分が心から腑に落ちているか？（Commitment）
4　1行で言い表せて、誰もが理解できる明確な言葉にできているか？（Wording）
5　人間らしさ・人間の本質があるか？（Essential）

1 聞き手の内面に気づかせ、ハッとさせる新たな発見や驚きがあるか？(Surprise)

インサイトを探していく中で、「果たして、これはインサイトなのか？　これで人は本当に動くのか？」とか「そもそも、これは人を動かす隠れたホンネだと言えるのか？」と、自問自答することは多いと思います。その中で、これはインサイトだと判断できる試金石となるポイントがあります。

それは、あなたがインサイトを探している中で考えたことを、まわりの人や打ち合わせで話してみたときに、聞き手がハッとして、驚いたように強い共感を示してくれるかどうかです。聞き手から「すっごく、わかる！」「言われてみればその通りだ！」「そういえば、自分もあのとき似たような気持ちになった！」「よくぞ言ってくれた！」といったようなコメントが熱量高く語られる場面があるかどうか。それが、自分が考えたことが「インサイト」だと判断できる大切なポイントです。

つまり、最初は自分一人が思った「仮説」に過ぎないことも、まわりの数人が強く共感してくれることで、「実は多くの人にも当てはまることなのではないか？」、さらには「この仮説なら、人を動かせるのではないか？」という実感を伴うものになっていきます。大抵の「インサイト」は、初期段階でまずこの反応があることが多いです。このような反応があったら、自分の仮説に自信を持ってよいでしょう。

ただ、注意しなければいけないのは次の2点です。

1つは、まわりの数人に強い共感が得られたとしても、それが、今回目的とする人（ターゲット）に当てはまる、とは限りません。今回ターゲットとする人と似たような条件の人に何人か聞いてみて、再度、共感されるか反応を見てみたり、可能だったら別途マーケティング調査を実施してみたりして、ターゲットの反応を確認してみることが重要です。

もう1つは、逆パターンなのですが、自分が見つけたインサイトについて、まわりの人から、あまり共感が得られなかったときです。

しかし、身近な人の反応がイマイチだったということだけで諦める必要はありません。まわりの人たちが、今回のターゲットではないときなどは、特にそうです。例えば、女性に向けた商品なのに、まわりの人たちや打ち合わせにいる人が男性ばかりであったら、どんなに優れたインサイトでも、共感度が低くなるのはむしろ当然です。

自分の見つけたインサイトが非常に自信のあるものだったら、ターゲットに当てはまる人に改めて聞いてみて、その反応を確かめるとよいでしょう。

例えば、先ほどのコカ・コーラの例で言えば、データを見たままに「暑いときに、コカ・コーラを飲みたくなるんだ」と言っても、そこに「ハッとする新たな発見や驚き」はまったくありません。このときのインサイトは「わけもなく、急に無性に飲みたくなる」という衝動でしたが、このインサイトはそれまでのデータやグラフを、どれだけ隈《くま》なく凝視しても、決して出てくることがなかった「ハッとする新たな発見や驚き」だったのではないでしょうか。そして、改めて調査をしてみることで、この衝動に対する「言われてみれば、確かにその通りだ」というような反応も確認できました。だからこそ、優れたインサイトとして機能したのです。

2 人の発想を拡げるインスピレーションを感じさせるか？(Inspiration)

あなたの考えたインサイトは、目的を共有する仲間たちの発想を拡げるか？ということです。インサイト探索で陥りがちなのは、「優れたインサイトだと思ったけれど、良いアイデアや施策につながらない」という状況です。注意しなければならないのは、**インサイトを思いついた**

からといって、そこで終わりではない、むしろ始まりである、ということです。つまり、インサイトを元に、具体的にどのように人を動かすアイデアや施策を生み出すか、が大切です。

ただ、優れたインサイトがあると、目的通りに人を動かす良いアイデアや施策を生み出せる確度が格段に上がります。インサイトを考えることで生まれる最も重要な価値はこの点です。表面的でバラバラな単一の情報から、場当たり的にアイデアや施策を考えるのではなく、先のチンパンジーの認知心理学実験のように、その裏側や奥にある諸情報を統合して一気に問題解決に至るような、良いアイデアや施策を生み出す羅針盤となるのが、優れたインサイトなのです（45ページ図1－2参照）。

例えば、人の発想を拡げるインスピレーションを湧き起こした事例として、次のような例を考えてみましょう。リモートワークが主体となり、オフィスが閑散としている。できれば会社に来てもらって、社員同士の交流を促すために、どのような施策を実施すべきか？　そのアイデアがほしい、というお題があるとします。

「社員の交流」「会社に来てもらう」ためのアイデアとして出てくるのは、おおよそ次のようなものでしょう。

「オフィスのインテリアデザインをオシャレにする」
「ディスプレーや機材などを最新のものにする」
「出社するとポイントが貯まるようにする」
「朝食やランチを無料で提供する」

このようなアイデアは誰しも思いつきます。しかし、オフィスのデザインや設備、待遇が多少良くなっても、多くの社員が出社することにはあまりつながりそうにありません。

発想やインスピレーションが拡がったのは、次のように指摘したときです。
「そもそも、会社の中でどのように快適に仕事をしてもらうかではなく、会社の行き来を含めた1日をどのように楽しく過ごしてもらうか?を考えたほうがよいのではないでしょうか」

このように指摘した途端、「会社周辺の寄り道マップを作って社内で告知する」「会社周辺の飲食店と連携した接待&おもてなしプランを考えて営業職の社員に提供する」「会社近くのサウナが無料になる」「会社の高層階からよく見える花火大会を地域と企画する」といったような多様なアイデアがあふれるように出てきました。この場合のインサイト(=人を動かす隠れたホンネ）は**「出社のモチベーションを引き出すのは、社内の仕事だけの体験よりも、出社前後の時間や街中《まちなか》での遊びも含めた体験である」**ということです。

上記のアイデアが実現可能かどうか、本当に効果を発揮するかどうかは、また別途議論が必要かもしれませんが、少なくとも、ありきたりの「誰もが思いつくようなアイデア」からは解き放たれたのは間違いないかと思います。どこかで聞いたことがあるような既視感のあるアイデアしか出ないときは、インサイトが足りないのかもしれませんし、何かの一言で突然アイデアがたくさん出てきたときは、そこに優れたインサイトがあったということです。

3　自分が心から腑に落ちているか？（Commitment）

「モノよりコトが大事だ」「画一的なものより、多様性が大事だ」といった、どこかで聞いたようなことや、ニュースやネットでもよく見かけるようなことを、「自分で見つけたインサイト」として挙げることがあります。

しかし、このような場合、だいたい説得力やリアリティが乏しく、イマイチ伝わってこないことが多いのです。おそらく、「本人自身が、心から腑に落ちていない」ということかと思います。

「優れたインサイト」を遠ざけるものとして、「客観的な裏付けやデータ」があります。確かに、ビジネスの場面では、リスクを避けるために「客観的な裏付けやデータ」が必要とされます。

しかし、着想の一番はじめの「もしかしたら、こんなことなのではないだろうか？」という「気づき」や「違和感」を持つ段階で、客観的な裏付けやデータを意識しすぎると、結局どこまでいっても、どこかで見知らぬ誰かが言っていたことをそのままコピペしたような、驚きがなく説得力の乏しい意見や提案にしかならないのではないでしょうか。

「データでは、ハンバーガーと一緒にコカ・コーラを飲みたいということがわかりました」といって、毎回「コカ・コーラとハンバーガーの写真を使ったポスターが作られる」のでは、新しい発見も驚きもありません。

こんな風にインサイト思考では、あなたが考えたインサイトに対して、「あなた自身がどれだけ、心から腑に落ちているか？」がまず重要です。客観的な裏付けやデータの助けを必要とする前に、どれだけあなた自身というたった一人（n＝1）が納得しているかどうかが、いわばインサイトの強度と将来性のようなものを決定しています。

例えば「お酒が飲めない人が、飲み会についてどう思っているか？」について、「お酒が飲めない人は、飲み会に誘われるのがキライ65％」というネットニュースを見たとします。この情報は、一見、データに裏付けられているように見えますが、それをいきなり出されてもイマイチ説得力やリアリティに乏しい気もします。お酒が飲めなくても飲み会を楽しんでいる人もいるし、お酒の場を楽しんでいたあの人が、実はまったく飲めない人で、言われてみれば確かにあのときもソフトドリンクしか飲んでいなかった、というようなことを後で気づくこともあります。

この場合、まずは自分の身近な飲めない人に話をじっくり聞いてみたり、自分自身が飲めない人であれば、自分が飲み会に対してどのように思っているか？などを考えてみたりして、たとえ、自分1人だけ（n＝1）であっても、そこに強い気持ちや想い、譲れない主張、心の痛み、魂の叫び（最近のマーケティングで言われるいわゆる〝ペイン〟）のようなものがあるかどうか、すなわち、自分自身が「心から腑に落ちている」かどうかを、まず確認してみてください。

自分自身が、心から腑に落ちていれば、そのインサイトは、最初は自分1人（n＝1）だとしても、次第に2人、3人（n＝2、3）、さらにそれ以上へと広がっていく可能性を持っています。そんな可能性を持ったインサイトであれば、後の段階での客観的な裏付けやデータでの検証結果も、自然とついてくることが多いのです。

4　1行で言い表せて、誰もが理解できる明確な言葉にできているか？（Wording）

「言葉にする」というと、「誤解なく理解されないといけない」「強い言葉でないといけないのではないか」などと、様々なことを考えるかもしれませんが、まずは、「自分自身が腑に落ちたインサイト」と、「それを言語化した言葉」が、自分の感覚的にピタッとハマるかどうか、を意識して考えてみてください。その上で、まわりの人に伝えたときに、正確に理解してもらえているかを確認しましょう。

ここでうまく言語化できていないと、せっかく自分が考えたインサイトが伝わりません。最初は賛同してもらえていても、「核」の部分がずれて捉えられていると、最終的に、あまり賛同を得られなくなってしまうこともあります。

「自分の感覚にピタッとハマる言葉選び」のためには、どんなことをすればよいでしょうか？

例えば、インサイトを探索する中で「相手に負けたくない気持ち」というキーフレーズがあったとします。

図1—4　自分の感覚にピタッとハマる言葉を選ぶ

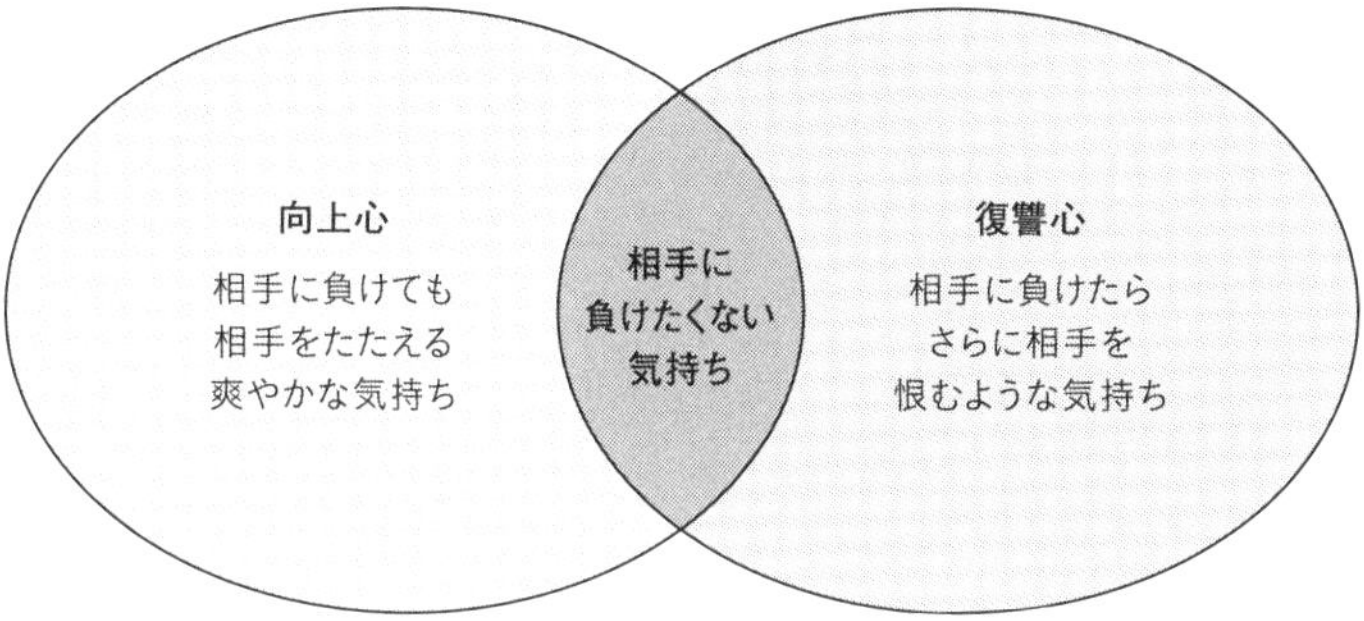
向上心
相手に負けても
相手をたたえる
爽やかな気持ち
相手に
負けたくない
気持ち
復讐心
相手に負けたら
さらに相手を
恨むような気持ち

　このとき「相手に負けたくない気持ち」を、もっと正確に表現するならば、どういう言葉でこの気持ちを言い表せるのか？　それは、自分自身に対する「向上心」なのか？　特定の相手への「復讐心」なのか？「対抗心」なのか？　はたまた、「嫉妬」なのか？　こんな風に自問自答して、掘り下げるのです。

　これらは同じ「相手に負けたくない気持ち」だとしても、微妙に温度感や相手との関係性に違いがあります。「向上心」であれば、たとえ相手に負けても、相手をたたえるような爽やかさがありますが、「復讐心」であれば、相手に負けたらさらに相手を恨みかねません。さらに「嫉妬」であれば、実は心の底では相手を羨んでいる自分に気づいていないというような複雑な気持ちだったりします。

　同じような「相手に負けたくない」という

気持ちであっても、それをさらに掘り下げていくと、微細で多様な広がりがあります。そのときのあなたの考えるインサイトの感覚に「ピタッとハマる」言葉を見つけることが、優れたインサイトにつながります。

ただ、ここで、自分の感覚にハマるように言葉を精緻化したいからといって、他人が何度聞いてもあまり理解できないような複雑な表現にしてしまっては、本末転倒になってしまいます。**誰が聞いてもわかる平易で日常的な言葉づかい**を心がけるとよいでしょう。具体的に、インサイトを表現する精緻な言葉の選び方については、第2章で詳しく説明します。

このような言葉選びについては、非常に参考にできる先人たちがいます。それは、作家や脚本家、漫画家、などの人たちです。彼らが描く、いわゆる「名ゼリフ」「心に残った言葉」などは、読者たちが日頃の暮らしの中で抱いている、モヤモヤしていたが今まで言葉にされてこなかった気持ちや違和感などの感情を、バシッと鮮やかに言い表してくれます。これはまさに「インサイト」そのものです。作家の村上春樹さんは、自身の創作について次のように言っています。

「言葉にならない僕らの心をフィクションという形に変えて、比喩的に浮かび上がらせていく」

（「村上春樹さん　早稲田大学入学式で祝辞!!」村上春樹研究所　https://www.haruki-m.com/news/news176.htm を参照）

小説や映画、ドラマ、漫画などの名作エンターテインメントは、インサイトの宝庫です。このような作品を作っている人たちは、「目に見えなかったものを、目に見えるようにしている」とさえ言えるかもしれない、インサイトの達人たちなのです。インサイトを探すときは、このようなエンターテインメント作品もぜひ参考にしてみてください。

5　人間らしさ・人間の本質があるか？（Essential）

インサイト探索は詰まるところ、人間とは何なのか？を理解する、というような、人の心の動きを探求し続ける「人間探索」のような作業です。「人間探索」は、まったく目新しいものではありません。いや、むしろ、おそらく人類が始まって以来、あらゆる人間が毎日し続けている営みと言っても過言ではないでしょう。そして、それは「人文科学」と呼ばれる学問体系にまとめられています。「人文科学」には、インサイトの参考になることがあふれています。

それでは、どこかで聞いたことはあるけれど、わかったような、わからないような「人文科学」とは何なのでしょうか？「人文科学」は、大学のいわゆる文系学部を中心に履修できる「哲学」「文学」「社会学」「文化人類学」「芸術」といったような学問の総称です。理系の学問が「自然科学」といって〝自然現象の仕組みやルールを研究、把握する〟ことを目指しているのに対して「人文科学」とは、〝人間の営みや文化の仕組み、ルールを研究、把握する〟ことを目指しています。人文科学は、いわば、インサイトの人類史的蓄積とさえ言えるのです。

哲学や文学では、千年、二千年前に作られていたものでも、現代に通じるものが数多くあります。つまり、〝人間ってこういうものだよね〟という数々の法則が、名言や物語として現代まで伝えられています。社会学では、近代になり、それまでに見られなかったような形で複数の人間が集まって行動することが多くなり、〝家族やコミュニティや社会や国家って、こういう動きや反応をするよね〟という法則が解明されています。文化人類学は、民族や文化圏によって〝人間はこういう動きや反応をするものだよね〟もしくは〝ある民族ではこうだけど、異なる民族では必ずしもそうではないよね〟という人間の共通性や異質性、多様性を知る学問です。芸術は、〝人間はこういうものを美しいと思うよね〟という人間の感情構造の把握に対するアプローチとも言えます。

最近では、経済学と心理学を合わせた「行動経済学」といった、近代の合理的な人間観では捉え切れなかった偏見（バイアス）に満ちた非合理的な人間行動を、法則化する学問にも注目が集まっています。

インサイト探索とは、まだ気づかれていないような人間心理の探求、いわばあくなき人間理解を深め続けることに他なりません。優れたインサイトには、先述のような人文科学で得られている人類的知見が含まれていることが非常に多いのです。

特に、最近世界的に大きな注目を集めているのは、右に挙げた「行動経済学」という人文科学の分野です。聞いたことがある人も多いと思いますが、行動経済学では従来の経済学で前提としている〝合理的な人間〟ではなく、〝非合理的な人間〟に着目しています。すでに、世界のトップ大学が「行動経済学部」を設け始めていたり、巨大テック企業がマーケティングやＵＩ／ＵＸ開発に活用していたりします。※4

※4『行動経済学が最強の学問である』（相良奈美香　ＳＢクリエイティブ）を参考。

インサイト発見へのアプローチは、自分の感覚や、日頃の暮らしで気づいたことなど、様々ですが、このように〝人類的知見〟をベースに考えてみることも大いに役立ちます。

インサイトって、
何？
5

インサイトと似て非なる3つのもの

この章の最後に「インサイトに似ているが、インサイトではないもの」について説明します。インサイトとは「人を動かす」と「隠れたホンネ」という2つの要素から成り立つと言いましたが、インサイトをこのように2つの要素から定義すると「インサイトと似て非なるもの」が見えてきます。

似て非なるものとして、ここでは「ニーズ」「ファインディングス」「常識／定説」の3つを取り上げます。それぞれの違いをわかりやすく捉えるために、先ほどのインサイトの条件であった「人を動かす」と「隠れたホンネ」の有無の2軸で4象限に分けて考えてみます（図1－5）。

インサイトは、「ニーズ」ではない

まず、縦軸の「隠れたホンネ」「明らかなホンネ」という軸で、「インサイト」と「ニーズ」を分けることができます。ニーズは「人を動かす」が「明らかなホンネ」です。

図1－5　インサイトと似て非なるもの

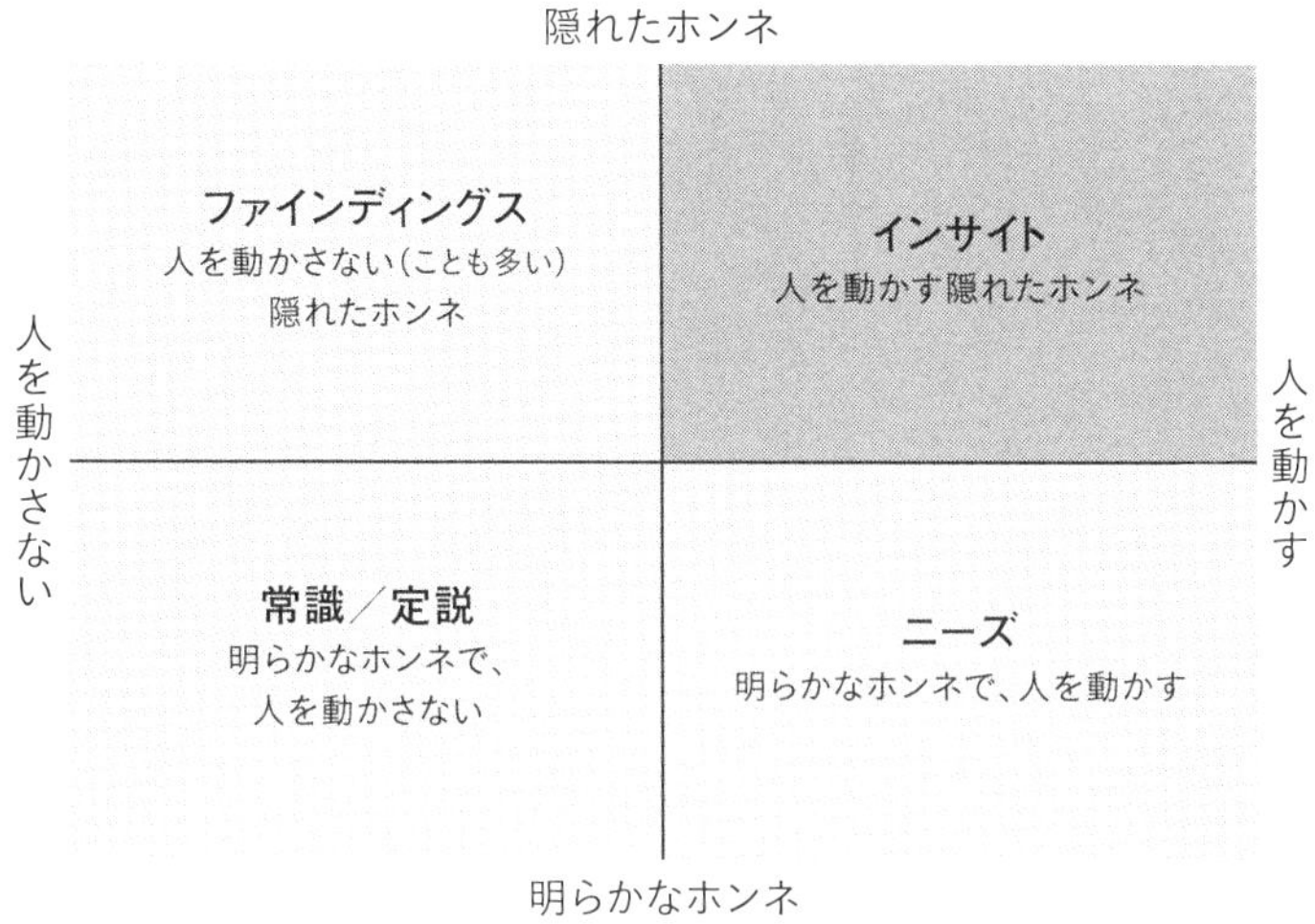

出典:著者作成

ここでは、有名な「レビットのドリルの穴理論」を例に挙げて見てみましょう。

あるホームセンターにドリルを買いに来店した人がいました。その人は店員に「6ミリのドリルはありますか?」と尋ねますが、店員は「あいにく品切れです」と答えてしまい、その客が退店してしまった、というお話です。

このとき、店員が**「何をするために6ミリドリルが必要か?」を聞き出せていれば、「壁に6ミリの穴を開けたい」という〝ニーズ〟が明らかになり、**6ミリの穴を開けるのだったら、多少の労力はかかるが在庫があってより安価なキリを提案したり、またはそのお店が提供している壁に穴を開ける出張サービスの利用を促したり、といったことができたのに、というケースでニーズをわかりやすく説明しています。

このケースでは、「6ミリの穴を開けたい」というのは、お客さん本人は自覚して気づいている「明らかなホンネ」すなわち「ニーズ」です。「穴がほしい」という欲求が、すでに明らかになっている（お客さん自身が、言葉にして自覚している）ため、それ自体に気づくということはマーケターとして、特に難しいことではありません。競合も気づいているというような状態だと思います。

一方、「インサイト」は、まだ競合も消費者自身も気づいていない「隠れたホンネ」です。だからこそ、それを見つけて新商品やサービスを作ってあげたりすると、消費者自身も驚いて、「ああ、これがほしかったんだよなぁ」と強く共感してくれる、というのがインサイトの価値と言えるのです。したがって、この「6ミリの穴がほしい」というニーズは、お客さん本人が気づけていないような「隠れたホンネ」ではないため「インサイト」とは呼ぶことはできません。


もしくは、次のようなシーンを思い浮かべると、ニーズがよりわかるかもしれません。例えば、画期的な新製品を生み出そう、と考える打ち合わせを想像してみてください。そのときに、ありがちですが「すでに成功しているもの」「パクリ」「二番煎じ」などが、まずは話に出るかもしれません。これはみんなが当然知っている既知のことなので、打ち合わせではあまり驚きはありません。こういったものは明らかな「ニーズ」であるので「人を動かす」ことはわかっているが「隠れていない」（＝打ち合わせ参加者全員が気づいている）ため、ピンチを突破する羅針盤として機能するような「インサイト」にはなり得ません。

インサイトは、「ファインディングス」ではない

次に、よく調査などをしていると使われる「ファインディングス」という言葉です。横軸の「人を動かす」「動かさない」という軸で、「インサイト」と「ファインディングス」を分けることができます。例えば、会議中に「その人間心理、結構面白いね」とちょっと盛り上がったものの、「それって、今回の目的を達成することに役立つのかな？」とボツになった経験はありませんか？そのような発見が、いわゆる「ファインディングス」という発見です。

これは文字通り、調査などで「新たに見つかったこと」です。正確に言うと「ファインディングス」の中に「インサイト」も含まれることがあるのですが、本書では、「人を動かさない」かつ「隠れたホンネ」を表す言葉としてあえて、自戒とともに分類しています。

このような「ファインディングス」は、調査からとにかく何か新しいことを発見しなければ！という、手段と目的が入れ代わってしまう場面などでよく発生します。「新たに見つかった隠れたホンネではあるものの、そのときの目的を達成するように人を動かすアイデアにつなげられない」という事態は、一時期流行った、徹底的に生活者を観察する文化人類学的な方法論を

活用したエスノグラフィー調査[※5]などでよく陥りがちでした。

※5　エスノグラフィー調査　特定の集団の日常生活を詳細に観察し、理解するための研究方法。通常、現場で長期間にわたって対象者の普段の環境や行動の観察を行ない、人々の行動などを記録します。

例えば、新しい掃除機の商品開発をするために、生活者が掃除機をかける様子を注意深く観察したり、掃除に対する考え方を徹底的にヒアリングしたりします。その結果、もっともらしい結論として「掃除機をかけることとは、自分の気分を変えるための心の掃除でもある」といった「ファインディングス」が導き出されたとします。

これは、掃除機を使う生活者自身が気づいていなかった「隠れたホンネ」であるかもしれませんが、今回の目的である新しい掃除機を生み出すようなアイデアのヒントにはつながらず（発想が拡がらず）、「人を動かさない」というケースです。

つまり、インサイト探索時には、自分たちは何を目的として「人を動かす」ことを狙っているのかを絶えず意識していないと、発見した満足感だけを追い求めてしまい、そもそもの目的が達成できない危険性があるということです。

このように「隠れたホンネ」ではあるが、自分たちの目的に合うようには人を動かさない、インサイトと似て非なるものを本書では、「ファインディングス」と呼んであえて区別します。

インサイトは、「常識／定説」ではない

当然ながら、常識や定説と呼ばれるものは「人を動かさない明らかなホンネ」です。新製品会議の例で言えば、「見たままの数字、ありきたりの提案、誰もが知っていること」です。例えば、ドリルの例で言えば「6ミリのドリルが売れていることから、DIYが流行っている」とか、掃除機の例で言えば「ターゲットは、今の掃除機に、吸引力とデザイン性の両方を求めている」といったようなことです。

何を当たり前のことを、と思われるかもしれませんが「インサイト」という言葉を熟考することなく、なんとなくの受け売りで使い、あまりに当たり前の常識や定説を、生活者の「インサイト」と呼んでいるケースが、実際のビジネスの現場でも多々散見されています。

「インサイト」は、その条件を満たし得る適切なものが発見できれば、この上なく強力な威力を発揮します。したがって、何が「インサイト」であって、何が「インサイト」ではないのか？を絶えず、丁寧に確認しながら考えを進めていくことが、急がば回れ的に、優れたインサイトにたどり着く近道になるでしょう。

すべての状況に、必ずしも「インサイト」が不可欠なわけではない

インサイトが強力に機能する場面を見てきましたが、必ずしもすべての状況で「インサイト」が必要になるわけではありません。お金や時間や人手が十分にあるなど、人が動きそうな環境が十分に整っていて、「インサイト」なしで物事がうまく進むようなら、それに越したことはありません。

例えば、大ヒット商品であれば、とにかく店舗に商品が供給されさえすれば、売れ続けます。このようなときは、常識的、王道的な対応や運用、マーケティング施策をすればなんの問題もありません。したがって、どんな状況でも無闇にインサイトを探すのではなく（探しても何かしら見つかるのがインサイトですが）、何かしら行き詰まったというときや、「お金も労力もかけられない、でも、なんとかしないといけない大ピンチ！」というときにこそ、インサイトを活用することを思い出してください。

〈インサイトが必要ないとき〉

特に行き詰まっていないときは、インサイトは必要ない。

- 新しい何かを必要としていないとき（現状維持が大切なとき）
- 予算も時間も、人手も十分にあるとき
- 必要な情報を必要な場所に届けるだけで人が動きそう（モノが売れそう）なとき

第 2 章

「インサイト」の見つけ方
——「隠れたホンネ」を見つける出世魚モデル

「インサイト」はいきなり「見つける」というよりも、見つけて「育てる」もの

いきなり「インサイト」が見つからなくても大丈夫。
あなたがすでに感じていることを大切にして育てていけば、
誰でも「インサイト」へと、確実に近づけます。

【「出世魚モデル」の5つのSTEP】

STEP 1　日常の中の違和感に目を向ける
＝直観や観察に基づいて、**「気づき／違和感」**を持つ（感性力）

STEP 2　違和感を抱いたのはどんな常識か？
＝日常の暮らしの中の**「常識／定説」**を改めて明確に把握する（常識把握力）

SETP 3　常識の裏には、どんなホンネが隠れているのか？
＝当たり前だと思われていることに**「疑問／問い」**を持つ（問題提起力）

STEP 4　隠れたホンネを、自分の納得いく言葉にする
＝自分の目で改めて世界を捉え直した**「仮説／推論」**を立てる（言語化力）

STEP 5　自分の言葉を、みんなに信じてもらう
＝客観的に誰もがわかるように**「確認／検証」**する（説得力）

インサイトを見つけるための、確度の高い「方法論」があった

第1章では「インサイトとは何か?」について見てきましたが、いよいよ本書の本論である「インサイトをどうやって見つけるのか?」について詳しく説明していきます。

まず「インサイトの見つけ方」について話をするとき、必ず多くの人から言われることがあります。それは**「インサイトって、センスの良い人だけが、瞬間的に思いつくものなんじゃないの?」**ということです。つまり、属人的なスキルであって、センスのない人がいくら考えても、優れたインサイトなんて見つけられないのではないか?という懸念です。

確かに、インサイトにある種のセンスや向き不向きがないと言えば嘘になりますし、センスの良い人はいるにはいます。ただ、センスの良い人と言っても、筆者の個人的な実感値としては、プロのマーケターでも数パーセントいるかどうかでしょう。

よく、プロ野球選手は、打率2割だと平凡以下の選手、打率3割を超えると名選手と言われます。プロのマーケターが優れたインサイトを発見できる確率もおおよそ、このレベルの確率です。その中でも、名選手であった長嶋茂雄監督は、「ボールがスッときたら、ガーンと打てばいい」というような非常に感覚的な言葉で指導をしていたと言われます。優れたインサイトを見つけられるかどうかは、そのようなセンスや感覚に非常に近いかもしれません。

ただ、バッティングにも、センスの有無にかかわらず、誰もがある程度打てるようになるための、基本的な型というものがあります。そして、インサイトの見つけ方においても、実は誰もが再現できる型があるのです。

本書では、インサイトを見つけるプロであり、業界内で実績を出すマーケターたちに詳細なインタビューを行なうことで、インサイトの見つけ方の「方法論」を作りあげました。このような「型」を使えば、センスの有無にかかわらず、誰もがインサイトを見つけられるようになります。それをこれから、みなさんにご紹介します。

そもそもプロはインサイトをどうやって見つけているのか？

さて、その「型」を作りあげるにあたり、マーケターなどのインサイト探索のプロたちに「インサイトをどのように見つけているか？」という質問をしたところ、次のような様々な回答をもらいました。

○「なぜ？　なぜ？」とひたすら自分の中で考える
○観察やクチコミから「小さなリアリティ」を見つける
○経験に基づいて、仮説を立てたり想像したりする
○内省したり、人と対話したりする
○自分自身の生活者実感。もしくは、他人にリアルで話を聞きまくる
○生活者を観察して、行動の矛盾や普遍的な欲求を見つける
○フィールドワークとヒアリング
○すべてを疑って、直観を働かせる

○なるべく立場の違う人を選んで、3人以上にインタビューする
○常識をインプットした上で、自分の目で世界を捉え直す
○商品・サービスから離れて、人間の日々の思考や行動から考える
○当たり前を疑う目線を持つ
○課題をズラす。違和感を探す
○主観と客観を行ったり来たりの壁打ち
○問い↓洞察↓抽象化
○心の動きの観察。日常の違和感の観察

以上のプロたちの「インサイトの見つけ方」には、思考プロセスでの共通点が見られます。共通するワードは、観察、疑い、違和感、内省、常識、当たり前、対話、経験、実感、直観、リアリティ、仮説、といった言葉たちです。これらをまとめると、図2－1のような「5つの思考」のグループに分けられます。

インサイトを見つけるためには、「思考の順番」があった

またインタビューを経て、もう1つわかったことがあります。会議で見るような良いアイデ

図2−1 インサイトを見つける「5つの思考」

①「気づき／違和感」の思考

観察、洞察、経験、直観、違和感、実感、心の動き、内省、クチコミ、リアリティーなど

②「常識／定説」の思考

常識、当たり前、日常、世界、普遍的など

③「疑問／問い」の思考

疑う、問い、なぜ、ズラす、矛盾など

④「仮説／推論」の思考

仮説、想像、課題、自分の目、主観、捉え直す、抽象化など

⑤「確認／検証」の思考

客観、対話、ヒアリング、インタビュー、他人、聞く、壁打ち、立場の違う人など

アは、非常に鮮やかで、あたかも最初からそのカタチであったようにも見えますが、実はまったくそうではありません。

その理由は、良いアイデアは優れたインサイトに根ざしていることが多いからです。そして、そのインサイトは宝探しのように、いきなり偶然に土の中から発見されるようなものではなく（そのように感じることもありますが）、**最初は誰もが見過ごしてしまうような、とても小さな卵のようなものを、少しずつインサイトへと育てていく、といった感覚の作業**だからです。

端的に言えば、「気づき」から「インサイト」まで育てていくための、**「思考の順番」**があるのです。それをまとめたのが次ページの「出世魚モデル」です。インサイトは、いきなりインサイトとして世に生まれ出るのではなく、いわゆる「出世魚」[※1]のように、段階を経て成長していきます。

※1　出世魚　稚魚から成魚までの成長に伴って、出世するように名前が変わる魚のことを指します。代表的な出世魚の例としては、ブリが挙げられます。成長段階によって「ハマチ（イナダ）」、「メジロ（ワラサ）」などと名前が変わります。

図2−2 インサイトの「出世魚モデル」

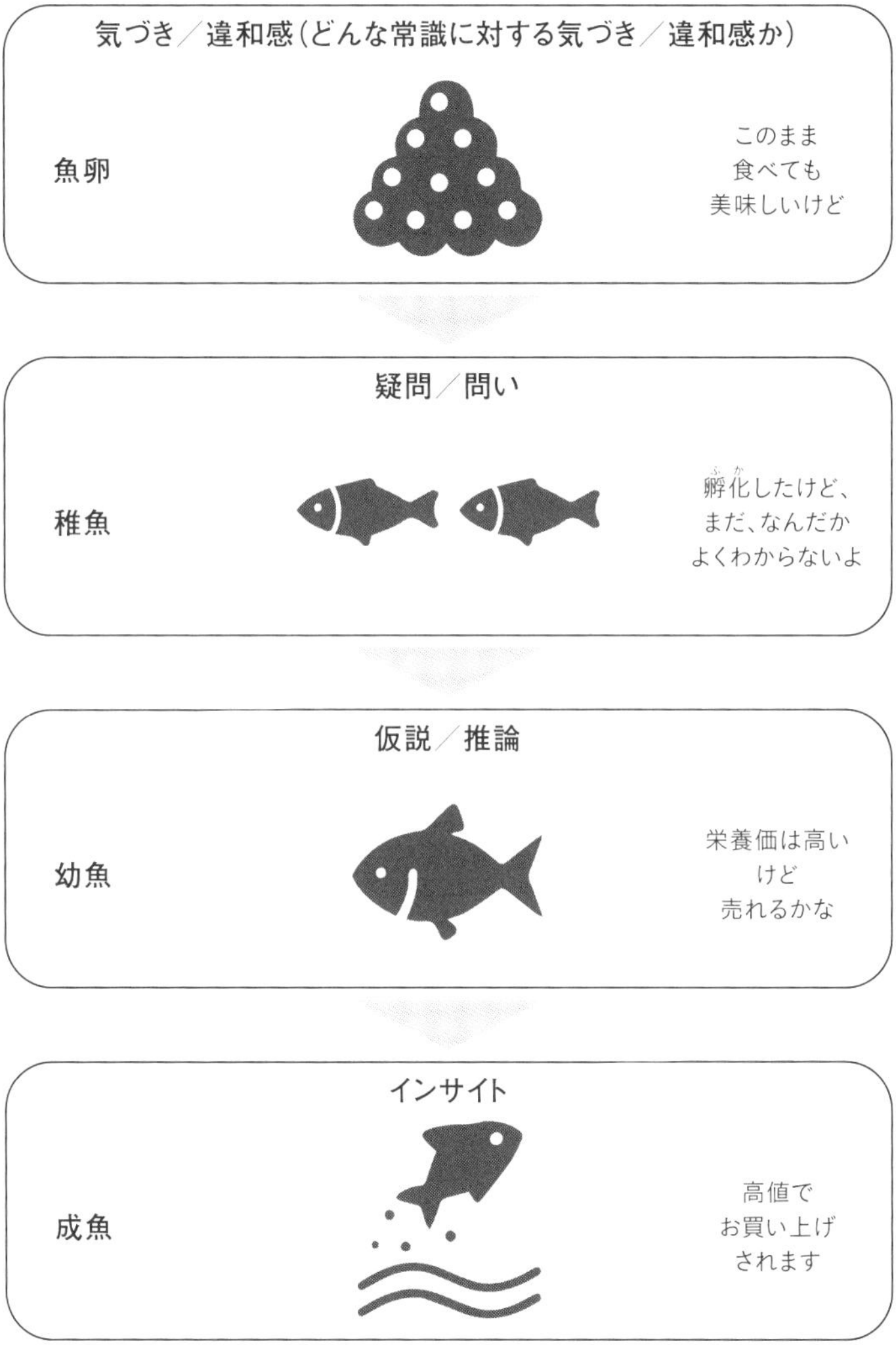
気づき／違和感（どんな常識に対する気づき／違和感か）
魚卵
このまま
食べても
美味しいけど
疑問／問い
稚魚
孵化《ふか》したけど、
まだ、なんだか
よくわからないよ
仮説／推論
幼魚
栄養価は高い
けど
売れるかな
インサイト
成魚
高値で
お買い上げ
されます

「出世魚モデル」の5つのステップ

「出世魚モデル」とは、前ページの思考プロセスを、次の5つのステップとして定型化して考えていくことで、誰もが持っているモヤモヤした気づきや違和感を「インサイト」へと育てていくことのできる型です。

具体的に言えば、次の5つの思考ステップを経て、「インサイト」が発見されるのです。

STEP1　日常の中の違和感に目を向ける
=直観や観察に基づいて、**「気づき／違和感」**を持つ（感性力）

STEP2　違和感を抱いたのはどんな常識か？
=日常の暮らしの中の**「常識／定説」**を改めて明確に把握する（常識把握力）

STEP3　常識の裏には、どんなホンネが隠れているのか？
=当たり前だと思われていることに**「疑問／問い」**を持つ（問題提起力）

STEP4　隠れたホンネを、自分の納得いく言葉にする
=自分の目で改めて世界を捉え直した**「仮説／推論」**を立てる（言語化力）

STEP5　自分の言葉を、みんなに信じてもらう

＝客観的に誰もがわかるように**「確認／検証」**する（説得力）

つまり、次のような5つのステップになります。

①日常の中の違和感に目を向け、
②その違和感を抱いたのはどんな常識か？を明らかにし、
③その常識の裏には、どんなホンネが隠れているのか？を探り、
④そこに隠れていたホンネを、自分の納得いく言葉にして、
⑤その自分の言葉を、みんなに信じてもらう

ちょっと面倒にも感じられますが、①から③までは慣れてくるとすぐできるようになります。
それぞれ簡単に説明していきましょう。

STEP1　日常の中の違和感に目を向ける
＝直観や観察に基づいて、**「気づき／違和感」**を持つ（感性力）
自分が常日頃からモヤモヤと感じていた「気づき」や「違和感」を思い出します。
ここで大事なのは、「探す」のではなく「思い出す」という感覚です。

ＳＴＥＰ２　違和感を抱いたのはどんな常識か？

＝日常の暮らしの中の**「常識／定説」**を改めて明確に把握する（常識把握力）

「気づき」や「違和感」というものは、「これが当たり前だ！」という「常識」や「定説」、いわば「思い込み」に対して抱く「もしかして、ちょっと違うのでは？」という微かな感覚や感情のことです。ＳＴＥＰ１で思い出した「気づき」や「違和感」は、一体どんな「常識」や「定説」に対して抱いたものなのか、その「常識」や「定説」を改めて把握して、明確にします。

ＳＴＥＰ３　常識の裏には、どんなホンネが隠れているのか？

＝当たり前だと思われていることに**「疑問／問い」**を持つ（問題提起力）

ＳＴＥＰ２で改めて明確にした「常識」や「定説」は、果たして本当にそうなのか？、と根本から「疑問」を持ってみたり、その常識の裏側に本当は何が隠れているのか？、と自分なりの「問い」を立てたりします。日頃から「疑う」クセをつけると、「隠れたホンネ」に気づきやすくなります。

ＳＴＥＰ４　隠れたホンネを、自分の納得いく言葉にする

＝自分の目で改めて世界を捉え直した**「仮説／推論」**を立てる（言語化力）

STEP3で見つけた「隠れたホンネ」だと思えるものを、もっと、正確で精緻な言葉にして、自分なりの「仮説」や「推論」を立てます。生命線は、自分の感覚に「ピタッ」とハマるような心から腑に落ちる「言葉選び」です。

STEP5　自分の言葉を、みんなに信じてもらう

＝客観的に誰もがわかるように**「確認／検証」**する（説得力）

STEP4での、自分の「主観」だと言われても仕方ない「仮説／推論」を、みんなの「客観」に進化させ、誰もが納得できるものにします。

「はじめに」でお話しした「表」「裏」を考えると、次ページの図2－3のようになります。

インサイトのプロは、誰もが先ほどのような「共通の5つの思考プロセス」をたどっています。つまり、センスの良い人が「瞬間的にインサイトを見つけている」ように見えるのは、経験や鍛錬を重ねることで、この5つの思考プロセスを頭の中で瞬時に高速で行っている、ということなのです。

図2−3　「出世魚モデル」と思考の裏表

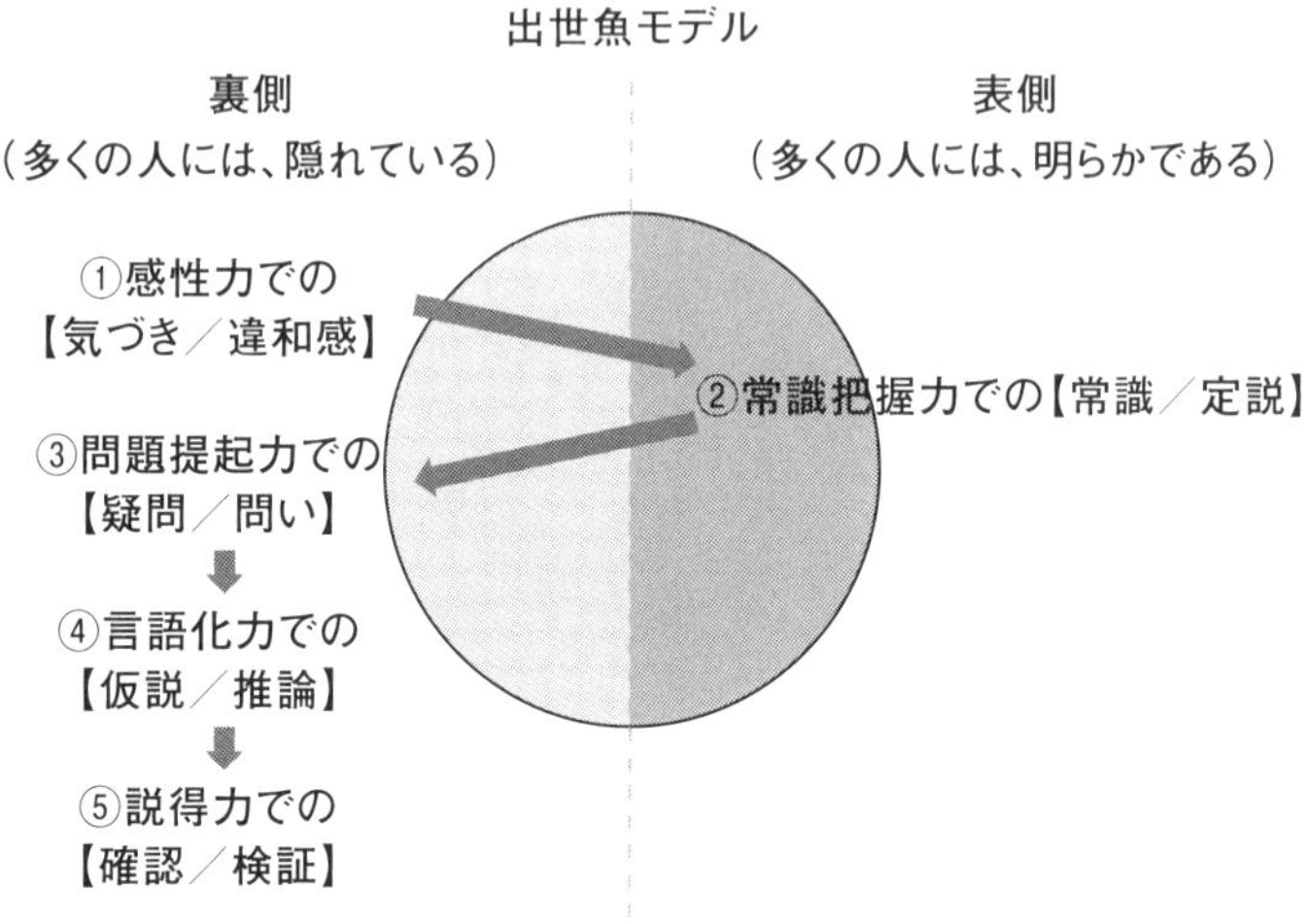

正しい思考プロセスを経れば、すべては最終的に「インサイト」へと成長していく

ここで、なぜこのモデルで「出世魚」という比喩を使ったか説明させてください。

インサイトを見つけるプロセスでは、今まで一般的に「気づきや違和感が大切だ」「常識を疑うことや、自分独自の問いを持つことが重要だ」「仮説を持って世の中を観察することが肝心だ」などといった似たような言葉で説明されることが多く、その違いが明確にはわかりにくいと感じることもあります。

もちろん、それらは一つも間違いではありません。ただ、これらの似たようで違う言葉や考え方がたくさん出てくることで、少し混乱することもあるかもしれません。

そこで、本書では、これらの数多くの言葉は「すべて、最終的には『インサイト』へと成長する思考プロセスの途中段階の名前である」というスタンスをとることにしました。つまり、インサイト探索の中で出てくる数多くの言葉は、**まるで「出世魚」のように「同じ種類の生き物だが、成長段階によって単に名前が違うだけ」**なのです。

あなたの「気づき」や「違和感」、「疑問」「問い」「仮説」などは、まるで「出世魚」のように、最終的に「インサイト」という成魚へと成長する途中段階の一時的な「名前」として出てくるものです。異なる名前に惑わされずに、安心してインサイトを見つける作業を進めてください。

「出世魚モデル」の使い方

STEP 1

日常の中の違和感に目を向ける

＝直観や観察に基づいて、「気づき／違和感」を持つ（感性力）

「思っていたのと違う！」ときに「感情」が生まれる

「気づき」や「違和感」とはどういうことでしょうか？　最初に言葉の定義をしておきましょう。「気づき」や「違和感」なんて日常的にあるものだから、特に考える必要もないと思う方もいるかもしれませんが、ここをひもとくことで、「気づき」や「違和感」の重要性がわかっていただけると思います。

まず、「気づき」や「違和感」を持つときは、なんらかの「感情」が伴うことが多いと思います。

では、「感情」はどんなときに生まれるのでしょうか？

「感情」が生まれる一つの要因は**「予測誤差が大きいとき」**だそうです。

人間は絶えず外部からの情報を受け取りつつ、常に少しだけ先を予測しながら生きています。例えば、階段を上るときなどを想像してください。あまり強く意識していないかもしれませんが、人間は次の一歩を予測せずにはうまく階段を上れません。自分自身の予測よりも誤差が大きいとき、例えば急に段差が大きくなるなど、つまずきそうになるような危険な状況であれば「不快の感情」、階段が滑りづらい素材でできていて予測よりも安全な状況であれば「快の感情」が発生します。

このように「感情」は合理的なセンサーであり、「予測誤差」が大きいときに「感情」を発生させることで、人間は予測と違った危機的状況に対してもよりスピーディーに対応できるのです。例えば、クルマの衝突実験をしているときは、目の前でクルマが衝突しても、あらかじめ予測しているので誤差が極めて小さく、感情的にはそれほど驚かずに平静でいることができます。しかし、道を歩いていていきなりクルマが目の前で壁に衝突したときは、予測できていないので、誤差によって大きな感情が発生する、ということです。

『表現の技術』(髙崎卓馬著 中央公論新社)には次のように書いてあります。

感情を動かすために絶対必要な要素、それは「オドロキ」です。すべての人は笑う直前に必ず驚いているのです。〜中略〜 笑う前に必ず一度、その変化に対して驚いているのに気がつきます。

つまり、ここでの「オドロキ」こそが「予測誤差」です。笑ったり悲しんだりという感情が生まれる前には、必ず大きな「予測誤差」があるのです。

気づく能力＝「感性力」を高めるには

説明がやや専門的になりましたが、「自分の感情が動かされたとき」とは、自分が予測したことと、実際に起こったことの誤差が大きかったときなのです。「予測」の多くは、日常的な習慣や常識に則って行なわれています。つまり、「気づく能力」や「違和感」とは、自分の予測＝「常識／定説」に対して「何か変だと気づく能力」とも言えるかもしれません。それが、このステップで必要な**「感性力」**です。

この「気づく能力」を高めるためには、日頃から「自分の感情が動かされたとき」を、常に忘れないようにメモしたり、SNSにつぶやいたりしておくとよいでしょう。すると、自分の「気づき」や「違和感」（＝誤差）が、どのような「常識」や「定説」（＝予測）に対して生まれるものなのか、というストックを持つことができます。

例えば、こんな感じです。

○自分の「気づき」(＝誤差)：昔のフィルムカメラや万年筆を使うと楽しい。不便なもののほうが魅力的なのでは？

⬇その「気づき」に対する「常識／定説」：常識としてのコスパ・タイパ至上主義。効率が良いものを追求することが生活を豊かにするという考え方や価値観

○自分の「違和感」(＝誤差)：もしかしたら、現代ではSNSでのやりとりのほうが、アナログ的なやりとりよりも人間関係を豊かにするのかも？

⬇その「違和感」を抱いた「常識／定説」(＝予測)：デジタルよりも、アナログな手紙や手作りギフト、リアルの対面会議、飲みニケーションなどが、人間関係を深めることにおいては重要だという従来の考え方や価値観

このような「普段の暮らし」の中にある「自分自身の感情／感覚」に意識的でいることが、後々のインサイト探索には非常に役に立つのです。インサイトが、その人のセンスや属人的な能力のように感じられることがあるのは、その人が自分自身の「普段の暮らし」をどのように意識しているかが大きく影響しているからかもしれません。

多くの意思決定には「感情」が大きく影響している

では、なぜ、インサイト探索の最初の一歩が、「気づき」や「違和感」なのでしょうか。それは、「インサイト」とは、最終的に人を動かすためのものだからです。「人を動かすこと」、それは、すなわち「人の意思決定を促すこと」です。

昨今の行動経済学で言われるように、人間の意思決定や行動には、〝非合理な〟「感情」が大きな影響を与えています。私たちは世界から得られるあらゆる情報を「感情」というフィルターを通して認知し、判断・行動しているのです。

そして、その「感情」は、グラデーションを持ちながら、実に様々な種類があり、さらにそれらが互いに複雑に絡み合ってできています。繰り返しになりますが、その多様で複雑な感情の中にこそ、「インサイト」＝「隠れたホンネ」も埋もれているのです。

つまり「気づき」や「違和感」を大事に育てることは、人を動かす「隠れたホンネ」を見つけることにつながるのです。

「ビジネスで、データよりも『感情』って、あり得なくない？」

でも、ビジネスで「感情をベースに考えていく」なんて、心もとないと思う方もいるかもしれません。普段、数字やデータを客観的な裏付けとして判断をしている場面は多いでしょうし、感情は「自分がそう感じた」というような、極めて主観的なものです。そんな個人的なものをもとにして、多くの人を動かせるのでしょうか？

他人の感情を正確に測ろうとしても、想像することはできるかもしれませんが、寸分の狂いなく正確に理解することはできません。また、マーケティングデータのように数値化しても、客観的に理解することは、そう簡単ではありません。

しかし、あきらめてはいけません。その難題の唯一の解決方法は、**「自分の感情をできるだけ正確に把握する」**ことです。

著名なシンガーソングライターである宇多田ヒカルさんは、自身の作詞作曲について、次のように語っています。

究極の個や自分を突き詰めると、人間理解につながる。
それで、人間のことやまわりの人たち、遠くにいる関係のない人たちのことも、
より深くわかるような気がする。

（『EIGHT-JAM』テレビ朝日　２０２４年4月28日放送）

自分がある出来事に対して、どう感じるかという自分自身の「感情」を、言葉や行動など何かしらの方法で表現し、それに共感してくれるかどうかを確認することでしか、私たちは他人の「感情」を理解することはできないのです。

例えば、あるミュージシャンが自分の感情を一曲の歌に込めて表現します。その歌が一人、また一人と人々の心に響き、少しずつ多くの人が共感し始めます。最終的に、その共感が集まって一つのヒット曲が生まれることがあります。これは、一人のミュージシャンの主観的で個人的な感情が、一人ひとりの共感を経て、多くの人に受け入れられ、「共通の感情」へと進化する過程です。

つまり、**自分自身の「感情」に気づいて、それを表現することで、他人との共感を生み出し、より広く、より多くの「人を動かす」ことができます**。それは、「隠れたホンネ」の中にある「感情」を探り当てていくという、インサイト探索のはじめの一歩のような作業とも言えるのです。つ

まり、世の中のほとんどのヒット作品は「隠れたホンネ」を捉えていると言っても過言ではありません。

以上より、インサイトを見つけるときに大切なことは**「普段の暮らしの中で感じる、自分自身の感情」に目を向けること**と言えるのです。

日常生活の中での自分の感情に目を向けるというのは、例えば、次のようなイメージです。

○家族や友人との会話で、何気なく出た一言が面白いと感じたとき
⬇その瞬間、なぜその言葉に引き込まれたのか、理由を探ってみる

○新しいレストランでの料理に、想像以上に感情を揺さぶられたとき
⬇その食体験がなぜ特別だったのかを自分なりに分析してみる

○SNSでもてはやされているトピックに、不快を感じたとき
⬇その不快の感情が何に根ざしているのか、深く掘り下げてみる

さらに、こういった数々の自分の「個人的な感情」が動いた瞬間を集めて、忘れないように

図2−4　感情に気づきやすくなるエクスサイズ例

Q:今日、朝起きてから「なんか変だな?」と思ったことはありますか?
それはなぜでしょう?

Q:最近、思いっきり笑ったり、すごく怒ったりしたことはありますか?
それはなぜでしょう?

Q:普段から自分は正しいと思っているのに、人に理解されないことはありますか?　それはなぜでしょう?

Q:最近見た映画やドラマなどのコンテンツで感動したことがありましたか?　それはなぜでしょう?

メモに残したり、記憶にとどめたりして、ストックしておくことも大切でしょう。

実は、仕事として「さあ、インサイトを見つけよう!」と意識する前の、日常生活を送っている段階で、すでにインサイトを見つける準備が始まっています。プロの人たちの話をまとめると、インサイトは見つけたり探したり、というよりも、日々の生活の中での「気づきや違和感」を集めておいて、「なぜ自分がそう思ったのか?」を考える習慣をつけ、それを思い出すということのほうが、実際の作業の感覚に近いかもしれません。

「気づき」が生まれる瞬間の見つけ方

さて、「そんなに日常的に気づかないよ」という人もいるかと思います。そうした人のために「どんな瞬間」に感情が動かされて、「気づき」が生まれやすいかについて、まとめていきたいと思います。面倒だと思う人もいるかもしれませんが、誰かを動かすためには、自分自身の感情の理解が大切です。苦手だと思う方はぜひ読んでみてください。

「感情」が動かされる3つのモーメント（瞬間）

「自分自身の感情が動かされたとき」とはどのようなモーメント（瞬間）でしょうか。具体的に見てみると、大きく次の3つのモーメントに分けられます。①**「人との会話や交流」**、②**「身体的な経験／体験」**、③**「コンテンツ視聴」**です。いずれの場合でも、感情を動かされるきっかけは、必ず「外部からの情報」です。

①人の会話や交流

まず、「人との会話や交流」は、文字通りに家族や友人と話していて、驚いたり、嬉しかったり、嫌な思いをしたり、というものです。そのときに、ただ単に、日常的なこととして自分の感情を流してしまうのではなく、「どうしてあのとき自分は嬉しいと感じたり、嫌だと思ったりしたのだろう」と後で振り返っておく習慣をつけておくのです。

「人との会話や交流」で感情を動かされるモーメントには、大きく次のような2つの場面があります。

(1)「えっ！」と、自分が思っていること（＝予測）**と大きく違って、「びっくりした」とき**（＝誤差）

これはわかりやすいかと思いますが、例えば、人との会話の中で「面白い！」と思ったときや「何これ?」と感じたとき、もしくは「そんなはずはない！」と怒りを感じたときなどです。先ほどの「**予測誤差が大きかったときに感情が生まれる**」ということです。

ただし、これらの「びっくりしたとき」に関しては、あなた以外の多くの人もおそらく同様のことを感じているので、それだけではあなた独自の「気づき／違和感」にはなりにくいでしょう。したがって、他の人が「面白い！」とあまり感じていないものでも、あなたが「面白い！」と感じたことなどがあれば、特に注目してください。

(2)「ん!?」と、スムーズに納得や理解ができずに、「引っかかった」とき

こちらのほうが、あなた独自の「気づき」や「違和感」につながる可能性が高いものです。
例えば、他人のちょっとした誤魔化しや、その場しのぎの対応、理不尽な叱責、納得できない言動、論理的な矛盾、または行動と発言の不一致などをきっかけに、日常生活でふと発生する様々な感情です。

これらは、日常の中で生じる細かな「引っかかり」によってあなたの中に生まれる感情であり、しばしば見過ごされがちです。しかし、これらの見過ごされがちな引っかかりの中に、「気づき」や「違和感」が隠れていることが多く、それが「隠れたホンネ」へと将来的に成長する可能性を秘めているのです。次ページ図2-5に日常的に見過ごされがちな引っかかりの例を挙げますので、参考にしてください。

(1)(2)のように、普段、誰かと過ごす中で、「びっくりしたとき」や「引っかかったとき」に生じた、あなた独自の個人的な感情と、あなた独自の「気づき」や「違和感」を思い出してみてください。

② 身体的な経験/体験

次に「身体的な経験/体験」です。

図2−5　日常の「引っかかり」の例

他人のちょっとした誤魔化し

「電話、長かったけど何の件だったの?」と聞いて「いや、別に大したことじゃない」と答えられたとき

その場しのぎの対応

「本当にできますか?」と、取引先に言われて、実際は難しいのに「問題なくできます!」と上司が答えたとき

理不尽な叱責

クラスの誰も悪くないのに、先生がクラス全員を叱責したとき

納得できない言動

明らかに美味しくない料理を、すごく美味しいと友人が褒めているとき

行動と発言の矛盾

SNSで環境保護に興味があると言っていた彼が、毎日使い捨てのコーヒーカップを使っているのを見たとき

これは、料理体験やスポーツ体験、旅行やレジャー、乗り物の運転といった身体的な体験から生じる感情を意識することです。このような身体的な体験を振り返り、感じたことを言語化する作業は、後々のインサイト探索で役に立ちます。

実務的な作業で言えば、実際に自分で商品やサービスを使ってみて、そのときにどう感じるか、なぜそう感じたのかを覚えておいたり、分析したりするということです。例えば、ある商品の瓶の蓋が開けづらいということであれば、実際に自分で開けてみて、どれくらいの力で開けられるのか、なぜ開けにくいのか、そのとき自分はどんな気持ちになるのか、どんな手段で瓶を開けようと思ったのか、などなど、自分が実際に「瓶を開ける体験／経験をすること」で生まれる自分の感情の動きを覚えておくことです。

③コンテンツ視聴

「コンテンツ視聴」でも、感情は大きく動かされることがあります。そもそも、優れた映画やドラマは、どのようにキャラクターを作ったりシーンを描いたりすれば、どんなふうに人の感情が動くかを緻密に設計して作られています。

例えば、ドラマでは意識的に「葛藤」する場面が設定されています。「世界を救うためのミッションを遂行するのか」、あるいは「自分の家族を守るのか」といった、二者択一の判断が困難なシーンを作ることで、「感情の動き」を生み出しています。

したがって、映画やドラマなどのエンターテインメントコンテンツを見て、なぜ、どのように自分の感情が動いたかを観察することは、自分だけでなく、人間の感情の発生の仕方を構造的に把握する練習にもなります。最近で言えば、いわゆる「推し活」が流行っていますが、なぜ、自分の「推し」に自分の感情が動かされるのか？といったことを、考える習慣をつけておくのもいいかもしれません。

自分の「認知バイアス」を意識する

自分の「感情の動き」を見るときに、あらかじめ強く自覚しておくとより効果的なのは、**事前に、自分自身がどういう反応をする傾向があるのかをしっかりと把握しておくこと**です。

「感情」が発生するのは、予測誤差が大きいときである、と先ほど述べましたが、無意識的に自分がどのような「予測」をしてしまう傾向があるのかを、予想しておくということです。

これは、行動経済学では「認知バイアス」と言われており「直観や先入観、自らの願望や過去の経験、さらには他人からの影響によって、論理的な思考が妨げられ、不合理な判断や選択をしてしまう心理現象」のことです。

「認知バイアス」は、例えば、次のような事例が挙げられます。

○自分の大事な友人や家族の行動に対して、その人の良い面だけを見て、問題行動や欠点を見過ごすなど。これは、関係を良好に保とうとする心理から生じるものだが、問題解決を妨げることもある（確証バイアス）

○洪水警報が出ているにもかかわらず、「これまで大きな被害がなかったから大丈夫」と考え、自治体の避難指示を無視して自宅にとどまるなど。結果、避難が遅れて危険な状況に陥る（正常性バイアス）

○自分も同僚もインフルエンザにかかったら、今は日本中でインフルエンザが流行しているに違いないと考える（利用可能性ヒューリスティック）

○「看護師は女性の仕事である」「エンジニアは男性の仕事である」といったステレオタイプ。特に職業選択における性別によるバイアスは、特定の職業に対する性別の偏りをもたらす（ステレオタイプ）

「気づき」や「違和感」は言葉にしないと埋もれてしまう

あなたの感情の数だけ「世界」があり、そこに「隠れたホンネ」がある

「気づき」や「違和感」に敏感になるためには、その時々の感情を一度、言葉にして書き出してみることが非常に大切です。感情は多様で複雑なだけでなく、無自覚なものが多いので、意識的に言葉にして書き出してみないと、あなたの心の中で湧いては消えていってしまいます。

「何も感じていない」のではなく、「感じていることはあるのに、解像度が低く、うまく言葉にして自分でも認識できていない」ことが非常に多いのです。そして、その感情は、すぐに曖昧でスッキリしない想いとなって心の底に埋もれていってしまうのです。日記をつけたり、SNSでつぶやいたりということでもよいので、普段の暮らしで「気づき」や「違和感」を持ったら、一度、言葉にして書き出し、自分の心の外に出してみましょう。

例えば、次のような場合です。

○ホワイトデーに大量の義理チョコ返しのキャンデイをもらう中、Aさんが出汁セットを贈ってくれたとき、「ホワイトデーに出汁⁉」という意外性が面白かったし、あたたかい気持ちにもなった

○仲も良く、信頼していた同僚が転職してしまって落ち込んでいたが、上司が「仲間は、遠いところにいたほうがいい」という言葉をかけてくれた。その言葉で、遠く離れても関係性は変わらないこと、その関係性をお互いの発展のために活かすことの大切さに気がついて前向きになった

○新しい趣味として始めた陶芸で、最初に作った皿がうまくいかず落胆していた。しかし、教室の先生が「陶芸は失敗から学ぶアートだ。このひび割れも個性として価値がある」と言ってくれて、失敗を楽しむことの大切さにハッとした

また、有名な話ですが、虹の色数は民族や文化によって違うことがわかっています。日本語

では虹を7色の「言葉」で表現しているので7色に見えますが、アメリカやイギリスでは6つの「言葉」にすることで6色に見えていて、ドイツ語圏では5色に見えているのだそうです（諸説あり）。つまり、言葉の数だけしか、人間は「認識」や「区別」が明確にできないのです。

つまり、**大げさに言えば、「言語化」した数だけ「感情」があり、「感情」の数だけ「世界」があるとも言えるのです。**『バガボンド』（井上雄彦著）、『ドラゴン桜』（三田紀房著）、『宇宙兄弟』（小山宙哉著）、『働きマン』（安野モヨコ著）など、数多くのヒット作品を手掛けた著名な編集者である佐渡島庸平氏は『感情は、すぐに脳をジャックする』（学研プラス）の中で、「多くの人が経験したことがあるはずなのに、認知できていない感情を瑞々《みずみず》しく言語化できる才能」を作家や漫画家の特質だと述べています。このように、少しずつでも、自分の「感情が動かされたとき」を言葉にしていくことで、言語化されていないモヤモヤとした「感情」が少しずつ明確になっていき、感情の解像度が上がっていきます。これが、後々の仮説の「言語化」のプロセス（STEP4）でも非常に役に立つのです。

「第一印象」の気づきはオリジナルの可能性が高い

一見、「第一印象」と言うと、なんの根拠もない「ただの感想」だと自分で早急に判断してしまい、軽視しがちです。でも、あなたの「気づき／違和感」の「第一印象」は、大切にすべきです。情報がたくさん入ってくると、知らないうちにあなたの「気づき／違和感」も均質化して、他の人が思いつくような、ありきたりなものになっていきます。

確かに、人の話を聞いたり、SNSを調べてみたり、リサーチすることで、自分の意見の根拠を見いだすことは大変重要なのですが、そのような膨大な情報が手に入りやすい昨今では、逆に自分自身の「第一印象」を維持することが難しくなっています。

そんな高度に情報化された環境では、逆に、あなたの最初の直観や感覚からくる「第一印象」を大切にし、それを失わないように維持できれば、それがあなた独自のオリジナルな視点になることが多いのです。そして、「第一印象」を維持した上で、あなたが「なぜ、その『第一印象』を抱いたのか？」を考えることが、あなたの「気づき／違和感」を「インサイト」へと成長させていきます。

気づきを確実にキャッチするため、この第一印象の曖昧《あいまい》な「気づき」を分析したり、言語化しておきましょう。うまく言葉にできず、モヤモヤした感覚も、一度言語化するとわかりやすくなると思います。

「隠れたホンネ」は、「心の底のドロドロした感情」にも潜んでいる

感情に目を向けると、自分では気づきたくない感情に気づくこともあるかもしれません。

でも、そのとき、自分の感情を無闇に否定しないことです。普段自分が目を向けていないような、いや、むしろ目を向けたくない、人に言いたくないような「心の底に沈んだドロドロした感情」にも「隠れたホンネ」が存在する可能性が高いからです。

例えば、次のような感情です。

○嫉妬／うらやましさ／後ろめたさ／恥ずかしさ／もどかしさ／ためらい／罪悪感／劣等感／コンプレックス／葛藤／怒り／見栄／猥雑《わいざつ》さ／強がりなど

ちょっと、ドロドロとしたネガティブに思える感情だらけで、誰しも目を向けたくないこと

かと思います。このように書いている筆者自身も、正直できれば、あまり積極的に思い出して向き合いたい感情ではありません。

しかしながら、これらの複雑に絡まった感情の中にこそ、優れたインサイトが含まれていることが非常に多いのです。なぜならば「インサイト」とは「人を動かす**〝隠れたホンネ〟**」だからです。

どんな人にもあるけれども、誰しも向き合いたくないドロドロとした感情の中に、人間を突き動かすような「ホンネ」が「隠れて」しまっているのです。もっと正確に言えば、向き合いたくない感情なので、無意識的に心の奥底のドロドロとした部分に埋めて「隠して」しまっている可能性もあります。ドロドロした感情であっても、後になって冷静に振り返って、インサイト探索に役立つこともあると思えば、やむなく経験してしまったような感情も無駄ではないと思えるかもしれません（ただ、このようなドロドロした感情と向き合うことは、場合によっては精神的に負担になるときもあると思うので、各人無理のない範囲にしておきましょう）。

「嫌いだけど、本当は好き」など相反する気持ちにも「隠れたホンネ」は埋もれている

これらのドロドロした感情がインサイト探索に特に役立つのは「相反する気持ち」が含まれているときです。具体的には、嫉妬や葛藤、コンプレックスなどの感情です。「嫌いだけど、本当は好き（嫉妬）」とか「行きたいけど、本当は行きたくない（葛藤）」とか「人からは強みだと言われるけれど、自分では弱みだと思っている（コンプレックス）」のように、相反、矛盾した感情たちです。このような「相反する気持ち」の中にも、人のホンネは知らずのうちに「隠れる」ことが多いのです。

例えば、こんなシーンで相反する気持ちが生まれているかもしれません。

○友人との集まりに誘われると嬉しいけれど、実際には社交場が苦手で、行きたくないと感じる（人とのつながりを求める自然な欲求と、社交場における不安や恐怖が葛藤している）

○プロジェクトでの成功が目前にあるけれど、成功することでより大きな責任が生じるのが怖い（表面上は成功を目指しているように見えるが、心の奥底では成功によって期待されるプレッシャーから

逃れたいという恐れがある）

クチに出してはいけない「感情」はあっても、感じてはいけない「感情」はない

自分の抱いた感情に対して、良い悪いといった判断をせずに、冷静に眺めてみてください。「あ、今、自分は嫉妬しているな」とか「なんで、あのとき、イラッとしてしまったのだろう？」とか「なんか、正直、あの人のことを信用しきれていないかも」など、感じたことをすぐに否定したり、放ったらかしにしたりせずに、大切にしてみてください。

クチに出してはいけない感情はあるかもしれませんが、思ってはいけない感情はありません。あなたの「感情」こそが、あなた独自の「世界」であり、他の人と「違うものを見ている」というあなた自身の視点であり、意味であり、価値なのです。些細な「気づき」や「違和感」の中から、あなたが見つけた「新しい視点」に「隠れたホンネ」が潜んでおり、それが人を魅了し、人を動かしていく可能性を持っているのです。

「出世魚モデル」の使い方

STEP 2

違和感を抱いたのはどんな常識か？

＝日常の暮らしの中の「常識／定説」を改めて明確に把握する（常識把握力）

「大発見！」と思ったのは自分だけで、みんなの常識だったということも……

次に、STEP1で発見した「気づき」や「違和感」から、それを抱いた「常識」や「定説」を逆算するプロセスです。ここで行ないたいのは、あなたが感じた「気づき／違和感」は、世の中にあるどんな「常識／定説」の裏側に隠れている「気づき／違和感」なのか？ということを、改めて認識する作業です。先ほど、「気づき／違和感」は、世の中で言われている「常識／定説」との誤差から生まれると述べましたが、それをより明確に見ていくステップです。

本書では「常識／定説」とは、「対象とする人たち（ターゲット）の少なくとも〝過半数〟が共通で間違いない！と思っていること」とします。

なぜ、当たり前だと思える「常識／定説」を、わざわざ改めて認識するという作業が必要なのでしょうか？

インサイトは「人を動かす〝隠れた〟ホンネ」です。あなたの「気づき」や「違和感」も、それがこの先インサイトに成長するものであるならば、〝何かの裏側に隠れた〟ものであるハズだからです。そして、その「何か」とは、世の中では「常識」とか「定説」と呼ばれています。

もう一つの理由としては、多くの場合「気づき／違和感」とは、モヤモヤとうまく言葉にできない状態（未言語化状態）の感情である場合が多く、「気づき／違和感」を、インサイトへと育てていくときに、一体どこから手をつけてよいかわかりにくいからです。

人から言われたことや世の中のニュース、SNS上で目にしたコメントなどに、なんかモヤモヤするけれど、うまく言葉にできない違和感を感じた、というようなことがみなさんも一度ならずあることでしょう。その「モヤモヤ」が、一体「何に対してのモヤモヤなのか」、つまり、「どのような『常識／定説』に対してのモヤモヤなのか」を、改めて認識できると、「モヤモヤ」の正体に、まず一歩大きく近づけるのです。

例えば、次の例を見てみましょう。

図2−6　あるコンビニのお弁当に抱いたモヤモヤを整理する①

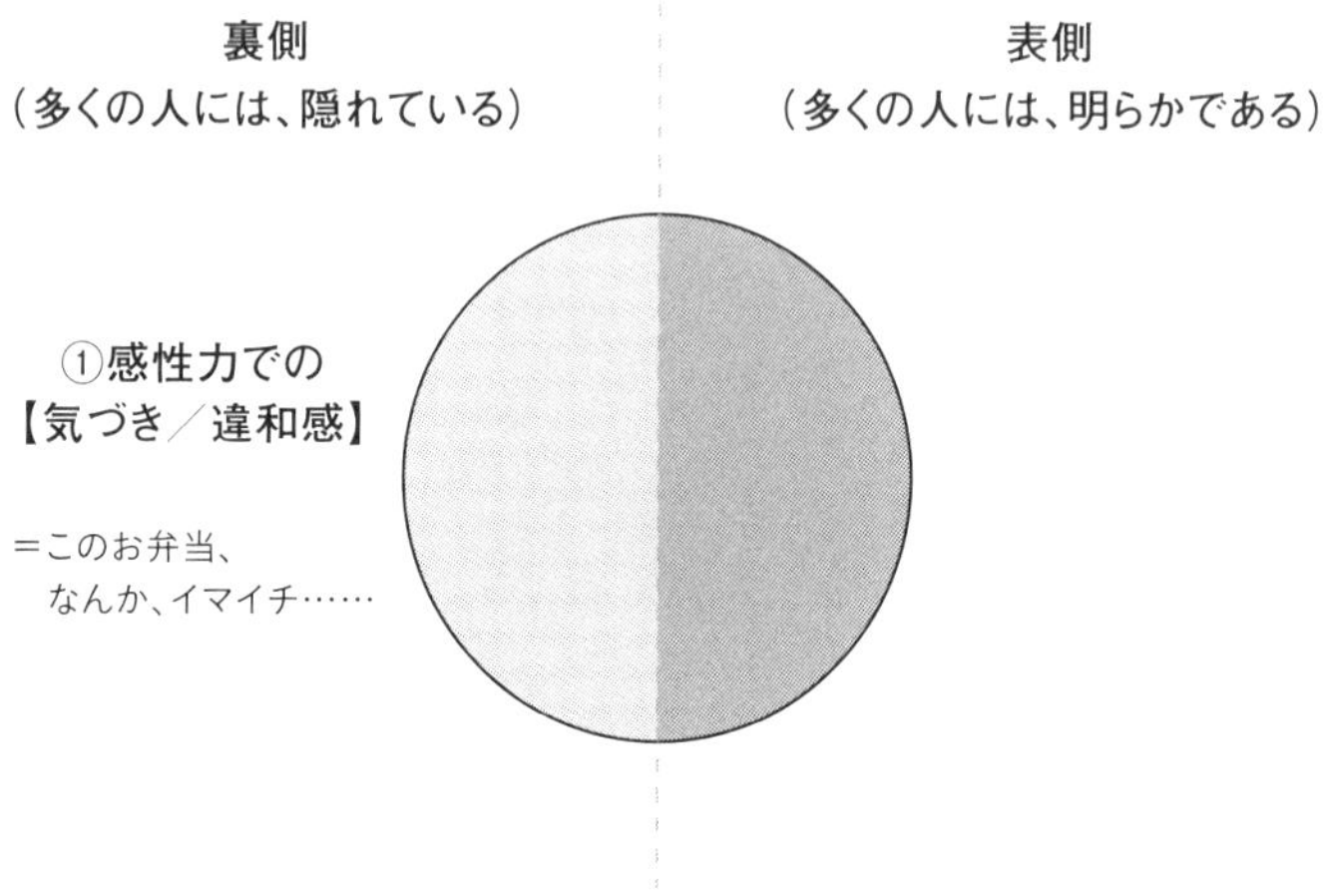
裏側
（多くの人には、隠れている）
表側
（多くの人には、明らかである）
①感性力での
【気づき／違和感】
＝このお弁当、
なんか、イマイチ……

「気づき／違和感」として、「このコンビニのお弁当って、なんかイマイチなんだよね。うまく言葉にできないけれど……」という「モヤモヤ」した感情（未言語化状態）が発生したとします。

この「モヤモヤ」とした感情を明らかにするために、まずは、何に対して「モヤモヤ」しているかを、今一度はっきりとさせる必要があります。別の言い方をすると、この「モヤモヤ」は一体、〝表側〟にあるどのような「常識／定説」の、〝裏側に隠れた〟感情なのでしょうか？

それでは、先ほどの「なんかイマイチ」という「違和感」がどういう感情なのか、もう少しだけ、具体的に見てみましょう。

「なんかオシャレでいい感じなんだけど、物足りないんだよね……」

「今っぽくもあるのだけれど、最近よく見る感じというか……」
「よく調べて作っているとも思うのだけれど、ちょっと退屈というか……」
というように「違和感」の中身が少しわかってきました。

それらを簡潔にまとめると、コンビニ側が「オシャレで今どきっぽいお弁当を作れば、お客さんは喜ぶハズである！」という〝明らかな〟「定説」を持っていることに対しての、違和感や「モヤモヤ」だということができるかもしれません。

言い換えれば、今どきの生活者が好きそうなお弁当を把握すれば、いわゆる〝マーケティング分析〟風なことをすれば、売れるハズだ！という、ビジネスの世界ではあまり疑われない明らかな「常識」に対して、違和感や「モヤモヤ」を抱いたということです。

そうすると（隠れていない）明らかな「常識／定説」は次のようなります。

明らかな「常識／定説」：マーケティング分析風なことをして、オシャレで今どきっぽいお弁当を作れば、お客さんは喜ぶハズである。

つまり、このときの「モヤモヤ」の正体は、「マーケティング分析風に、オシャレで今どきっぽいお弁当を作ればお客様が喜ぶと思っているという『常識／定説』への違和感」ということになります。

図2−7　あるコンビニのお弁当に抱いたモヤモヤを整理する②

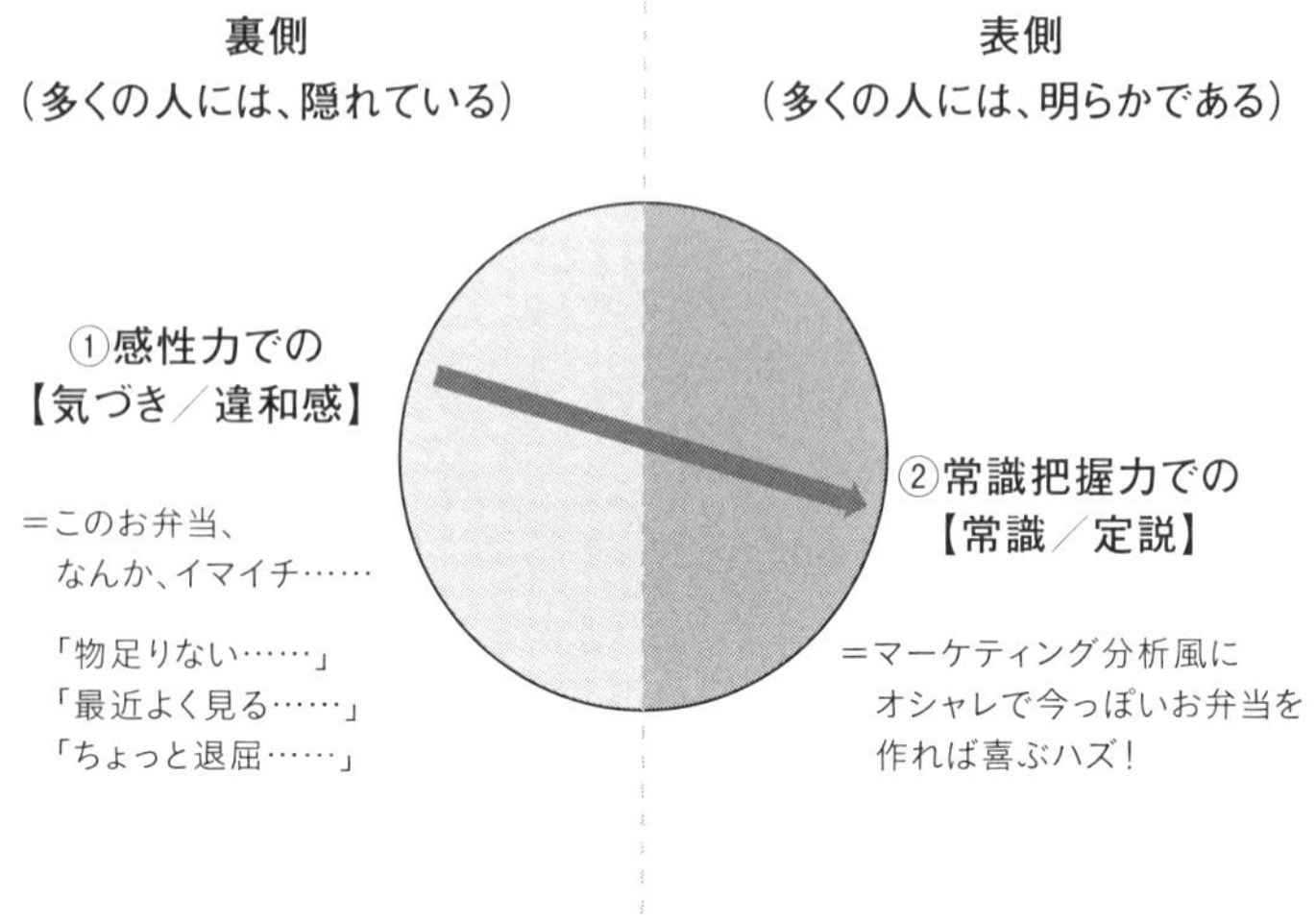
裏側
（多くの人には、隠れている）
表側
（多くの人には、明らかである）
①感性力での
【気づき／違和感】
＝このお弁当、
なんか、イマイチ……
「物足りない……」
「最近よく見る……」
「ちょっと退屈……」
②常識把握力での
【常識／定説】
＝マーケティング分析風に
オシャレで今っぽいお弁当を
作れば喜ぶハズ！

先述しましたが、この「常識／定説」を改めて認識することには、**あなたの「気づき／違和感」が、この先インサイトに成長するものなのか、しないものなのか、この段階で早期に〝判別〟ができる、**というメリットがあります。

このことについては、先ほど、次のようなことを述べました。

「インサイトは『人を動かす〝隠れた〟ホンネ』であるので、あなたの『気づき／違和感』も、それがこの先インサイトに成長するものであるならば、〝何かの裏側に隠れた〟ものであるハズだからです。そして、その『何か』とは、世の中では『常識／定説』と呼ばれています。」

つまり、あなたの「気づき」や「違和感」が、「常識／定説」の一部であったり、「常識／定

図2−8　インサイトへと成長しない「気づき／違和感」の例

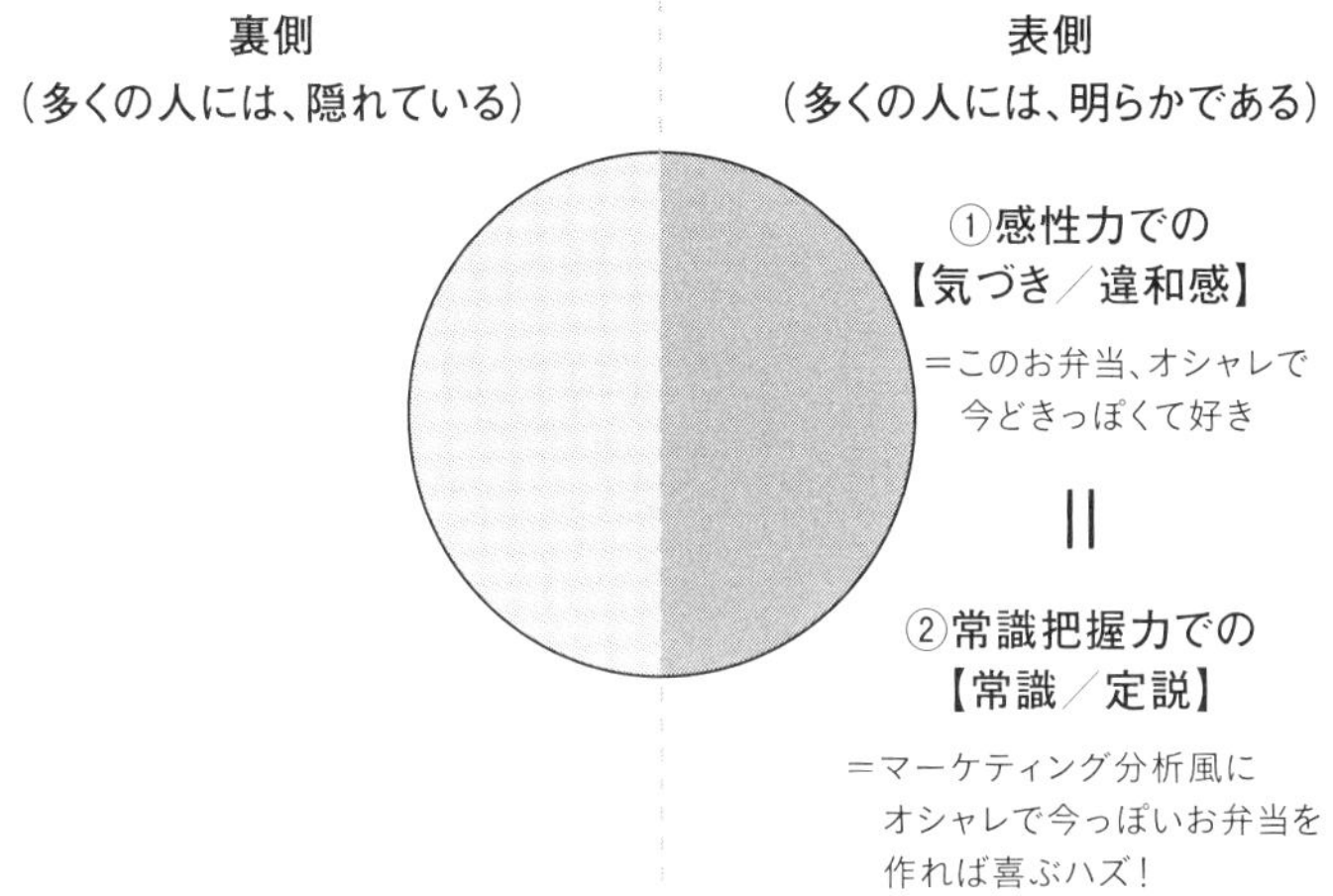
裏側
（多くの人には、隠れている）
表側
（多くの人には、明らかである）
①感性力での
【気づき／違和感】
＝このお弁当、オシャレで
今どきっぽくて好き
＝
②常識把握力での
【常識／定説】
＝マーケティング分析風に
オシャレで今っぽいお弁当を
作れば喜ぶハズ！

説」の言い換えに過ぎなかったりする場合、それは〝裏側〟ではなく、誰もが知っている〝表側〟にあることなので、この先インサイトへと成長しないのです。

このコンビニ弁当の場合で言えば、例えば、

「このコンビニのお弁当って、オシャレで今どきっぽいので好き」

といったものです。これは「マーケティング分析風なことをして、オシャレで今どきっぽいお弁当を作ればお客さんは喜ぶハズだ」という、多くの人にとって明らかな「定説」の中にすっぽり含まれてしまっています。

この「気づき」は、「常識／定説」の言い換えでしかありません。つまり、表に出ているところしか見えていない「気づき」であるために、この先どんなに考えても〝裏側〟に隠

れたホンネにたどり着けず、インサイトには成長しません。出世魚の例で言えば、「孵化しない卵」だとも言えます。

インサイトへと成長する「気づき／違和感」には、アンチテーゼが含まれている

以上のように、あなたの「気づき」や「違和感」が、インサイトへと成長するかどうかを見極めるためには、それが「常識」や「定説」に対する「アンチテーゼ」となっているか？を意識してみてください。

「アンチテーゼ」とは、やや聞きなれない方もいるかもしれませんが、ある意見や理論に対しての「反対の意見」「反対の理論」という意味の言葉です。あなたの気づきや違和感が、常識や定説に対しての「反対」、つまり〝裏側に隠れている〟ものであるかどうか、また、どんな常識や定説に対する「アンチテーゼ」になり得るかを、改めて強く意識して確認してみてください。

さらに言うと、あなたの気づきや違和感が、多くの人が絶対に変わらないと考えている強固な常識や定説に対する「アンチテーゼ」であればあるほど、「よくぞ、それを言ってくれた！」と共感を呼び、多くの人をダイナミックに動かす鮮やかなインサイトになる可能性があります。

このような確認作業をインサイト探索のプロセスの冒頭にワンクッション入れて、ちゃんとこの先「孵化」する「気づき／違和感」を捉えているかを、あらかじめ確認しておきましょう。そうすることが、後々あなたの気づきや違和感が「インサイト」へと成長していくかどうかの重要な岐路となるのです。

「見送っていい常識」と「疑うべき常識」を見極めるのは、自分独自の感性力

優れたインサイトを見つけるには、どんな「常識／定説」の「アンチテーゼ」になっているかが大切です。それに関係するエピソードを1つご紹介しましょう。

独立研究者・著作家、哲学科出身の外資系コンサルタントという異色の経歴を持つ山口周氏は、世の中にはびこる安易な「常識を疑え」論のワナを指摘した上で、「見送っていい常識」と「疑うべき常識」を見極める〝選球眼〟が重要だと述べています。

スティーブ・ジョブズは、カリグラフィー[※2]の美しさを知っていたからこそ「なぜ、コンピューターフォントはこんなにも醜いのか？」という問いを持つことができた。

（「教養がない人々が語る『常識を疑え論』のワナ」東洋経済オンライン　２０１８年６月16日　https://toyokeizai.net/articles/-/224981 より引用）

※2　カリグラフィー　文字を美しく見せる手法。装飾的なデザインや書体を使って、文字をアートとして表現する。

ジョブズは独自の「感性力」をもってして、それまでの「コンピューターのフォントには、美しさは不要」という〝表側〟の「定説」に対して、その〝裏側〟に隠れていた「それまでのフォントが醜い」というアンチテーゼ的な「気づき」を持てたということもできるかもしれません。このような、あなた独自の「感性力」はインサイト探索のはじめの段階において、その後の方向性を決めるものとなります。改めて大切にしてください。

「常識/定説」を間違えると、「インサイト」へはたどり着かない

さて、実際に、「常識/定説」を改めて認識する際に、気をつけておきたいことをまとめます。

この「気づき/違和感」から逆算的に「常識/定説」を改めて認識する作業は、おそらく、インサイトを見つけるプロセスの中で、**一番「簡単そうに見えて、実は難しい作業」**です。

「常識/定説」を明確にするのが案外難しいのは、年代や文化、国や地域、コミュニティ、性別などいわゆる対象となる〝ターゲット〟の属性によって「常識/定説」は大きく異なることが多く、さらに、時代の変化によって常に変わっていくものでもあるからです。

特に、情報化が急速に進んでいる現代では、短期間のうちに「常識/定説」は変わってしまいます。

したがって、自分が「常識/定説」だと思っていることが意外と過半数の人たちには受け入れられていなかったり、特定の世代や地域でのみ共有されている「常識/定説」であったりす

ることがあります。「郷に入っては郷に従え」といったことわざや、若者の間で言われる「ウチらの常識」のようなことです。

また、急速な時代の変化により、少し前まではほとんど知られていなかった情報が、現在では広く知られる「常識／定説」となっていることもあります。

一つ例を挙げると、多様性やダイバーシティ・エクイティ＆インクルージョン（ＤＥＩ）[※3]に関する話が挙げられます。ここ数年で、社会全体でも企業でも、積極的に取り組むようになっているため、その認識が急速に変化しているのです。

※3　DEI「Diversity（多様性）」「Equity（公平性）」「Inclusion（包括性）」の頭文字をとった言葉。多様な個性を尊重し活かしながら、それぞれのニーズに合わせて適切にサポートし、誰もが生き生きと活躍できる環境作りを目指した考え方。

例えば、

「ＬＧＢＴＱ＋ってまだまだ世の中に認知されていないと思っていたけど、実は結構認知されてきている気がする」

と考えたとします。つまり「ＬＧＢＴＱ＋という言葉は、実は結構認知されてきている気がする」という気づきから逆算して、「ＬＧＢＴＱ＋ってまだまだ世の中に認知されていない」という常識を認識したとします。

図2−9 LGBTQ+に関するあなたの「気づき」は本当に「裏側」か?

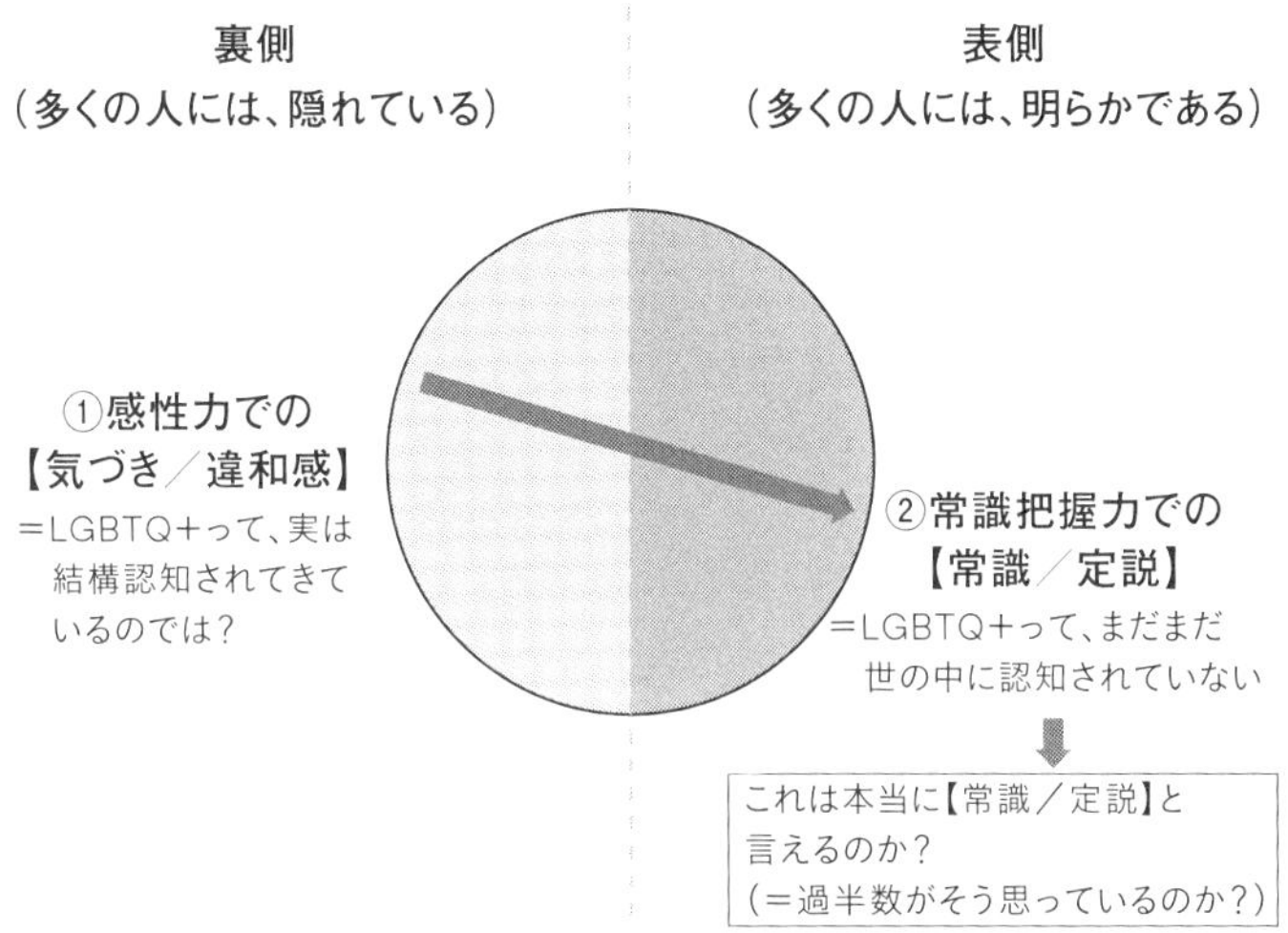
裏側
(多くの人には、隠れている)
表側
(多くの人には、明らかである)
①感性力での
【気づき/違和感】
=LGBTQ+って、実は結構認知されてきているのでは?
②常識把握力での
【常識/定説】
=LGBTQ+って、まだまだ世の中に認知されていない
これは本当に【常識/定説】と言えるのか?
(=過半数がそう思っているのか?)

しかし、現時点で、「LGBTQ+ってまだまだ世の中に認知されていない」を「常識/定説」とするかは、なかなか微妙なところです

ここで、次ページ図2−10を見てみましょう。次のようなアンケート結果があります。

LGBTの言葉の認知率は、

2015年調査では、37・6%
2018年調査では、68・5%
2023年調査では、80・6%

となります。

このデータからわかるのは、「LGBTという言葉の認知度は2015年調査の37・6%から2023年調査では80・6%へと43%ポイントも急激に上昇している」ということです。これが、過半数以上の人が認知し

図2−10　LGBTQ+に関する実際の調査

Q　LGBTとは、セクシュアル・マイノリティ（性的少数者）の
総称の1つということを知っている（単一回答）

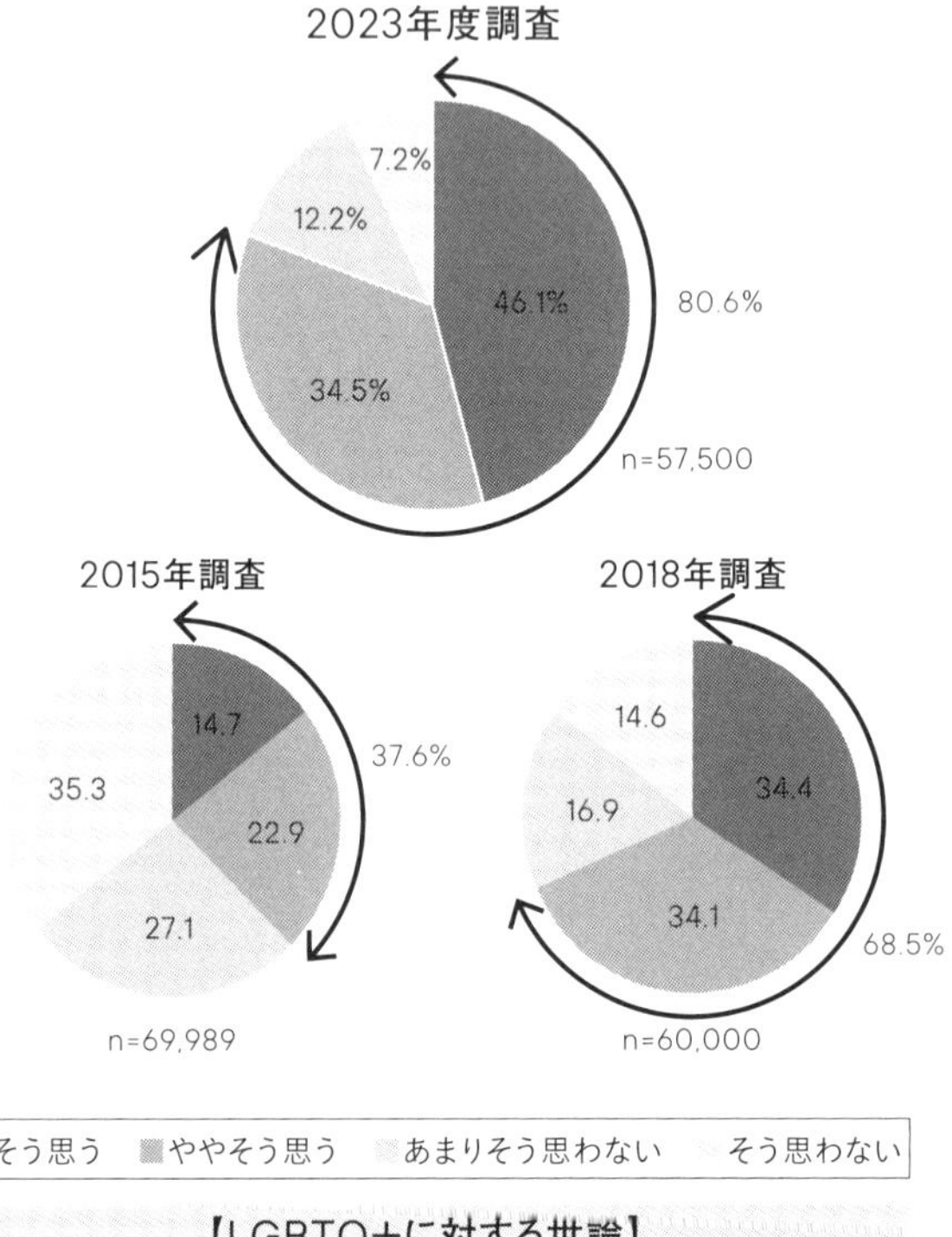

【LGBTQ+に対する世論】
LGBTの言葉の認知度は2015年から2023年の間に
約43%ポイントUpし80.6%
▼
もはや常識と言える言葉に

出典：電通ダイバーシティ・ラボ「LGBT調査　2015・2018」、電通グループ「LGBTQ+調査2023」より
全国20〜59歳の個人を対象にしたインターネット調査
2015年4月7日〜8日実施（「LGBT調査2015」）69,989人
2018年10月26日〜29日実施（「LGBT調査2018」）60,000人
2023年6月14日〜19日実施（「LGBTQ+調査2023」）57,500人

図2−11　「LGBTQ+は多くの人が認知している」が常識

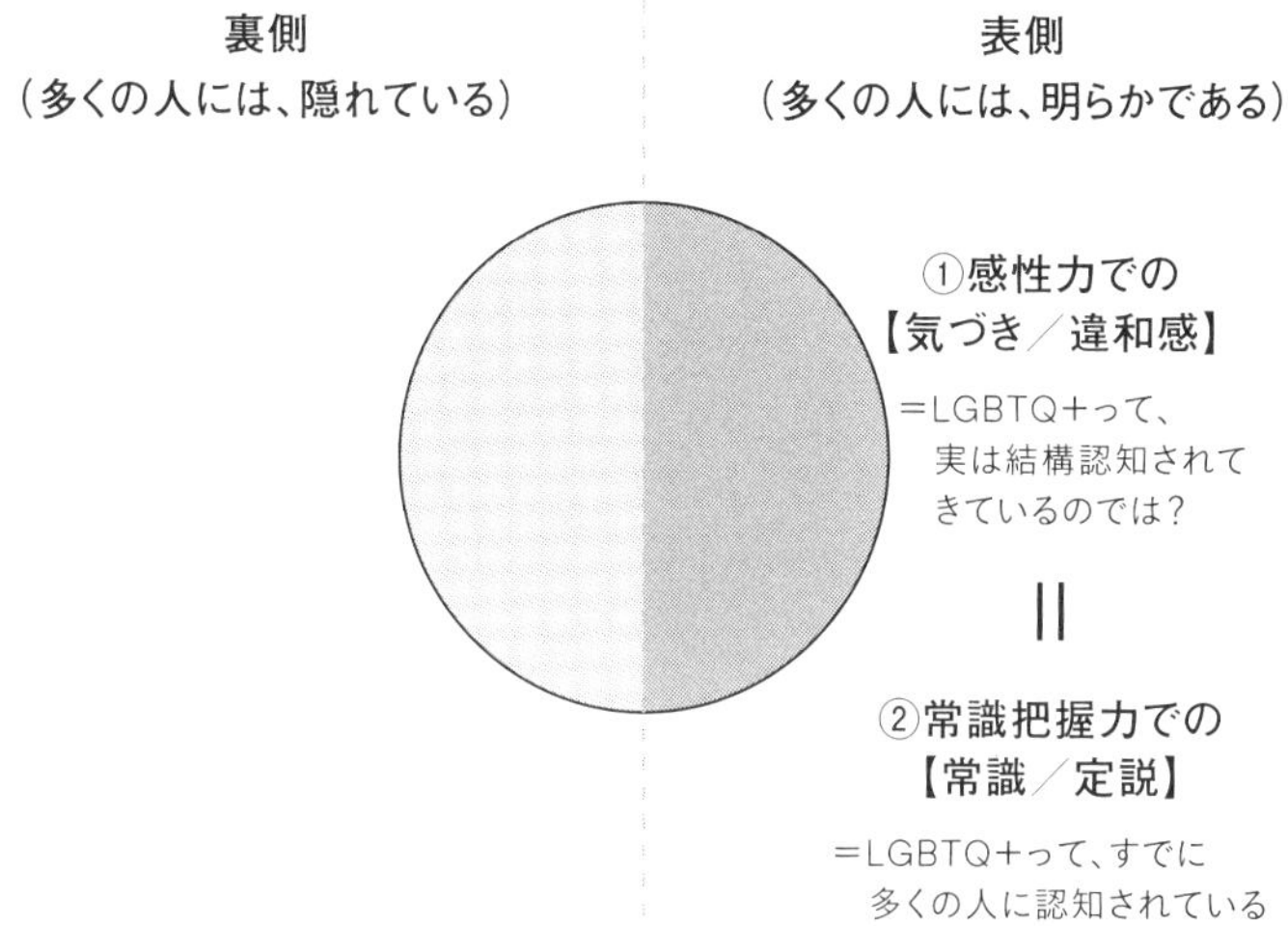

ている現時点での「常識」だと認識しても間違いはないでしょう。

したがって、「ＬＧＢＴＱ＋って、まだまだ世の中に認知されていない」というのは、現在では「常識」とは言えないことがわかります。

つまり、現在の「常識」は「ＬＧＢＴＱ＋は、すでに世の中で認知されてきている」と、認識したほうが妥当なのです。すると、当初の「気づき」の「ＬＧＢＴＱ＋という言葉は、実は結構認知されている気がする」は、「常識」の〝裏側に隠れている〟あなたの「気づき」なのではなく、〝表側〟に見えている「常識」の中に含まれていることなのです。

以上のように、あなたの「気づき」や「違和感」が、すでに「常識」や「定説」になっているということを認識できず、勘違いしたまま作業を進めると、そもそもの問題提起がズレてしまいます。すると、この時点で、あるべきゴールへ進む道から大きく外れてしまい、この先、正しい方向に進みません。つまり、「インサイト」へと成長していかないのです。

このような初歩的なミスを自分は犯すはずがない、と思いがちですが、実際に現場にいると、意外にＳＴＥＰ２の「常識／定説」を改めて認識する作業で間違うことが多いのです。

「気づき」や「違和感」から「常識」や「定説」を逆算するときは、それが本当に、対象とする人たち（ターゲット）の、今現在での「常識」や「定説」なのかを今一度丁寧に確認しましょう。

この「常識／定説」を改めて認識する作業は、最新のデータを調べてみたり、詳しい人に聞いてみたり、実際の現場に足を運んでみるなどして、丁寧に確認すれば、特に難しい作業ではありません。しかしだからといって注意を払わずにいると、見落としや誤解を招くことが意外にも多いのです。

あなたの「気づき／違和感」は、ただの「無知」である可能性もある

このように、「常識」や「定説」を改めて認識するプロセスで間違ってしまうのは、企画書の冒頭部分によくある「現状分析」を間違うこととほぼ同義です。

せっかくの良い提案の企画書であったとしても、「現状分析」が間違っていると、やや厳しく言えば、あなたは読み手から「無知」だと思われかねません。すると、それ以降の話への信頼性や説得力が、著しく低下してしまい、まともに話を聞いてもらえない事態すら発生してしまうのです。現時点での世の中や狙いたいターゲット、あるいはプレゼン相手が、何を「常識／定説」だと考えているかは、今一度注意深く見ておきましょう。

「出世魚モデル」の使い方

STEP 3

常識の裏には、どんなホンネが隠れているのか？

＝当たり前だと思われていることに「疑問／問い」を持つ（問題提起力）

「偉人」とは、誰もが疑わなかった「常識／定説」に自分の感覚で「疑問／問い」を持った人

歴史上で先進的な思想を提唱したり、大発明をしたりした偉人たちは、ほぼ必ず「常識」や「定説」への「疑問」や「問い」を持っています。誰もがまったく疑わなかったような強固な「常識／定説」であっても、それに疑問を持った自分の感覚を信じています。

みなさんご存じのように、天文学者のガリレオ・ガリレイは、それまで確固たる常識であった「太陽や月が、地球のまわりを回っている」という「天動説」に対して疑問を持ち、逆に「地

球が、太陽のまわりを回っているのではないか？」という「地動説」を唱えました。
同様に、物理学者であるアイザック・ニュートンは、「リンゴが地面に落ちる」という常識に疑問を持ち「リンゴと地面（地球）は、互いに引き合っているのではないか？」という「万有引力の法則」を発見しました。このように、歴史上の「偉人」たちは、自分の気づきや違和感から、常識に対して疑問を抱き、それがきっかけとなって人類の進歩に貢献する重要な発見をした人々だと言えるでしょう。

ここで一人の偉人を紹介します。現代の非常に大きなテーマとなっている「エコロジー」や「サステナビリティ」「循環型社会（サーキュラーエコノミー）」といった思想を世に広めた20世紀のダ・ヴィンチと評されるバックミンスター・フラーという思想家・建築家がいます。

彼が疑ったのは「地球は無尽蔵に資源があふれる星である」というそれまでの「定説」です。環境破壊や気候変動が叫ばれている現代では、これはまったく常識ではないことは子どもでも知っていますが、環境破壊がほとんど意識されることがなかった20世紀前半までは、このようなことが常識でした。

フラーは、1969年に彼の著書である『宇宙船地球号操縦マニュアル』（ちくま学芸文庫）で「地球は有限な宇宙船である」という考え方を提唱しました。地球は宇宙の中を彷徨《さまよ》う有限な宇宙船であり、適切に運転・運営しなければ、近い将来に燃料や食料が尽きてしまうもので、決して〝持続可能〟ではないと説明し、それまでの「常識」に異を唱えました。そして、エコロジーやサステナビリティという現代では常識となっている考え方をその後の世界に広めたのです。

1997年に、スティーブ・ジョブズがアップル・コンピュータ社に復帰したときに作った「Think different.」という有名な広告キャンペーンがあります。その中では、アインシュタイン博士やキング牧師、ジョン・レノン、ピカソ、ガンジーなどの偉人たちすべてが、それまでの絶対的な「常識」に、彼らなりの「違和感」や「疑問」を持って「Think different.（発想を変える）」をしたことで、新しい世界を切り拓いたのだ、という強いメッセージが語られています。そのうちの一人として、スティーブ・ジョブズが敬愛していたバックミンスター・フラーも登場しています。フラーは、自らの「Think different.」の姿勢を次のように語っています。

私が考えたことのほうが真実で、社会が信じろと言ったことのほうが、真実じゃなかったことが何度も何度もあったんだ。人生を振り返ろう。若き日に挫折し、捨て去った願いや、好奇心を呼び覚まそう。あらゆる人にしてほしいのは、澄んだ心で考えることなのだ。

（『映像の世紀　バタフライエフェクト』「世界を変えた〝愚か者〟　フラーとジョブズ」NHKスペシャルより引用）

良い問いは、どんな「常識／定説」を選んだかで決まる

それでは次に、STEP2で明確になった「常識／定説」から「疑問／問い」を立ててみましょう。

一番シンプルな方法としては「常識／定説」に対して「本当にそうなのか？」とストレートに疑問を呈する、というものがあります。

例えば、「冷蔵庫は四角いほうが使いやすいと思われているが、本当にそうか？」とか「階段は等間隔のほうが上り下りしやすいと思われているが、本当にそうか？」とか「1年は12か月に分けられると思われているが、本当にそうか？」などなどです。

すごくシンプルですが、どれも「常識」に対しての明確な「アンチテーゼ」として、問題提起を含んだ「問い」になり得ています。「もしかして、丸い冷蔵庫のほうが使いやすいのかも？」「等間隔じゃないほうが上り下りしやすい場合もあるのかも？」「確かに、1年を12か月に分けているのは人間の都合や文化的な慣習に過ぎないのかも？」など、どれも発見感がある「問い」なので、その後のインサイト探索につながりそうです。

一般的に、「疑問／問い」や問題提起と言うと「どのような切り口や方法論で『疑問／問い』を持つのがよいのか？」が大事だと思われがちです。

しかし、前述しましたが、本当に大事なのは、**どんな「常識」や「定説」に対して「疑問」や「問い」を持つか**ということなのです。

多くの人が、絶対変わらないと無意識的に思っている強固で揺るぎない「常識」や「定説」であれば、それだけ多くの人がハッとして感情を動かされるでしょう。そしてあなたの気づきや違和感も、「どれだけリアルで切実に感じたか？」が大切なのです。

まずは「すべてを一旦疑ってみること」から始める

以上のように、どんな「常識／定説」に疑問を持つべきかが「疑問／問い」のクオリティを決定しますが、実際に偉人たちのような思考をするのは難しいものです。一番手っ取り早いのは、多少乱暴ですが、先ほどの「どんなことでも『本当にそうなのか？』と、まずは疑ってかかる」という方法です。何事をも「疑うクセ」をつけるのがよいかもしれません。

世の中の現象や人から聞いたこと、仕事で目を通しておくべき資料など、すべてにおいて、まずはじめに「なぜ？」「ほんとに？」「そもそも？」と、一度疑ってみることです。いわゆる「天邪鬼」とか「疑い深い」「偏屈」と言われる人のほうが、インサイト探索には向いているのかもしれません。

ただし、どんなことでも、他人に対して「本当に？」と聞き続けると、ただの「面倒くさい人」と思われてしまいがちですので、あくまでも「自分の中で、まず一度疑ってみる」ようにするとよいでしょう。

「疑問／問い」を立てる方法論「リフレーミング」

ここからは具体的に「疑問／問い」を立てるための方法をまとめていきます。

物事を今までとは別の視点、新しい視点で見る「疑問／問い」の立て方として、最近では「リフレーミング」という心理学の方法論があります。「リフレーミング」は、ある問題や状況の捉え方を、違う視点・別の枠組みから見直すことで、新しいアイデアや解決策を見つける思考技術です。

例えば、コップに半分の水が入っているときに、それを、ネガティブに「コップに半分しか水がない」と言うこともできますが、逆に「コップにまだ半分も水が残っている」と言えば、ポジティブに捉えられる、というような別の視点をもたらす考え方です。

有効な「疑問／問い」を立てるための「リフレーミング」のテクニックについては、『問いのデザイン 創造的対話のファシリテーション』（安斎勇樹・塩瀬隆之共著 学芸出版社）や『コンセプトの教科書 あたらしい価値のつくりかた』（細田高広著 ダイヤモンド社）に詳しく紹介されています。本書では今すぐ使えるリフレーミングの「問い」を抜粋して紹介します。次に挙げる8つの問いは、あなたの視点を変え、発想の転換を助けるものです。

①全体の問い：部分より全体で解決するなら？
②主観の問い：あなただけの偏愛やこだわりは？
③理想の問い：目指すべき理想の変化は？
④動詞の問い：その行動を再発明するとしたら？
⑤破壊の問い：破壊すべき退屈な常識は？
⑥目的の問い：それを手段にしたら目的はなに？
⑦利他の問い：それで社会はどうよくなるの？
⑧自由の問い：まだ書かれていない価値ある問いは？

（『コンセプトの教科書』細田高弘著 ダイヤモンド社 71ページより引用）

あなたの「疑問／問い」は、おそらくこの中の「リフレーミング」の「問い」のどれかに近いかもしれません。

自分の持っている「疑問／問い」が、どれに近いのかを自覚しながら、自分が普段あまり使っていないような「リフレーミング」の問いについても意識的に使えると、どんな「常識／定説」に対して自分は問題提起をしているのか、どんな「疑問／問い」を持つべきなのか、という視点も広がることでしょう。

ただ、ここでも、大切にしてほしい点は、いずれの「リフレーミング」の問いかけの方法も、基本的には**「あなたが、どう思っているのか？」という視点が起点**となっているということです。こだわりや偏愛、理想はもちろん、何を破壊すべきか、社会をどのように良くすべきか、など、いずれの「リフレーミング」の問いでも、あなた独自の「気づき／違和感」が、今までにないような「疑問／問い」へとつながっていくのです。

『パラサイト 半地下の家族』で２０２０年度のアカデミー賞を受賞したポン・ジュノ監督は授賞式のスピーチで**「最も個人的なことこそが、最も創造的なこと」**と述べています。「あなたが、どう思っているのか？」といった個人的な視点が、創造性や新しいものを生み出すことにつながっていくのです。

例えば、SNSの投稿がきっかけで、ある日突然あなたが長年住む街に世界中から観光客が急激に押し寄せて、駅や空港に待機しているタクシーが不足したり、宿泊できるホテルが足りない、といった問題が発生したとします。このとき「タクシーを増やすにはどうすればいいか？」「ホテルを増やすにはどうしたらいいか？」といった「部分の問い」で考えていても、お金も時間もかかるので、すぐには問題の解決に至らないでしょう。

一方、この街に長年住んでいたあなたは、常日頃から「街には、実は使われていないクルマや家や部屋がたくさんあり、しかも、街には失業者があふれている」ということに気づいてこの状況をどうにかしたい、と思っていたとします。

だからこそ、あなたの視点は、「街で使われていないクルマをタクシーにしたり、使われていない家や部屋に宿泊できるようにするには？」というような「全体の問い」を持つことができます。そうすると、物理的に短期間でタクシーやホテルを増やさなくても、街の問題が解決できるかもしれません。

このような視点から生まれたのが、配車アプリのウーバーや、民泊サービスアプリのエアビーアンドビーなどの、今や世界を席巻するイノベーティブで創造的なユニコーン企業だとも言えるでしょう。

「フカボリ」と「ユサブリ」

「疑問／問い」の立て方の方法論として、もう一つ紹介させてください。安斎勇樹さんの『問いかけの作法』において、「問いかけ」は次のように定義されています。

「問いかけ」とは、チームの変化の可能性、メンバー一人ひとりの隠れた魅力や個性を引き出す「スポットライト」のようなものだ。

（『問いかけの作法』安斎勇樹著　ディスカヴァー・トゥエンティワン　76ページより引用）

つまり、「問いかけ」とは、あなた独自の「気づき／違和感」を引き出して、「疑問／問い」へと成長させる行為だとも言えるかもしれません。

この本の中で「問いかけ」のモードとして「フカボリ」と「ユサブリ」の2つを挙げており、それぞれを探り出すのに効果的な6つの質問の型が用意されています。

「フカボリ」：考えていることが曖昧で、ぼやけているとき、「こだわり」を深掘り、根底の価値観を探る。

——素人質問：みんなの当たり前を確認する　「Xはどういう意味？」

——ルーツ発掘：相手のこだわりの源泉を聞き込む　「Xの何がいいのか？」

——真善美：根底にある哲学的な価値観を探る　「Xは正しい？　良い？　美しい？」

「ユサブリ」：固定観念や価値観などの「とらわれ」を揺さぶり、新たな可能性を探る。

——パラフレイズ：別の言葉や表現に言い換えを促す　「Xを他の言い方をすると？」

——仮定法：仮想的な設定によって、視点を変える　「もしXだとしたら？」

——バイアス破壊：特定の固定概念に疑いをかける　「本当にXは必要か？」

（『問いかけの作法』安斎勇樹著　234〜237ページより引用）


例えば、121ページのスティーブ・ジョブズの「今までのフォントは醜いままでよいのか？フォントにも美しさが必要だ」という疑問は、「フカボリ」の「真善美」の質問にあたるでしょう。ニュートンの「リンゴが地面に『落ちている』のではなく「リンゴと地面が『互いに引き合っている』のでは？」という「万有引力の法則」であれば、「ユサブリ」の『パラフレイズ』の質問だと考えられますし、バックミンスター・フラーのサステナビリティの話は「もし、地球が『宇宙船』だとしたら？・」という、「ユサブリ」の「仮定法」の質問だとも考えられます。

以上のように、「問い」の立て方に関しては、優れた方法論がいくつも確立されているので、先述のようなものをご参照いただくのがよいかと思います。

ただ、大事なことなので何度も繰り返しますが、方法論以前に大切なことは、あなた自身が、どれだけ、リアリティを持って、切実に、現在の強固な「常識」や「定説」に対して、あなた独自の「気づき」や「違和感」を持ち、「疑問／問い」を抱けるのか？ということです。このリアリティや切実さが、その先の「インサイト」への成長の可能性を広げていくのです。

「出世魚モデル」の使い方

STEP**4**

隠れたホンネを、自分の納得いく言葉にする

＝自分の目で改めて世界を捉え直した「仮説／推論」を立てる（言語化力）

このステップでは、ＳＴＥＰ３で生まれた「疑問」や「問い」を、さらに「仮説／推論」へと育てていきます。

ここまでくれば、インサイトまではあと一歩なのですが、この「仮説／推論」にするステップ、すなわち、的確で精緻な言葉にする作業が非常に重要です。

ここで、本書での「仮説／推論」とは何かを説明させてください。「仮説／推論」とは、ＳＴＥＰ３で生まれた「疑問／問い」について考えをさらに掘り下げて、自分やまわりの人たちの感覚に「ピタッとハマる」まで精緻に言語化することです。「ピタッとハマる」とは、いわゆる「腑に落ちた」と言われる、個人的な納得感が非常に高い感覚のことです。

先ほどの「コンビニ弁当」の例の続きで説明します。先ほどの例では、「気づき／違和感」は「こ

のお弁当、なんかイマイチ……」でした。

このとき、「なんかイマイチ……」という「違和感」がどのような「常識」の裏側に隠れていたかと言うと、

「常識／定説」＝マーケティング分析風なことをして、オシャレで今どきっぽいお弁当を作ればお客さんは喜ぶハズ！

であると考えました。

つまり、「このお弁当、なんかイマイチ……」という「違和感」は、「マーケティング分析風なことをして、オシャレで今どきっぽいお弁当を作れば喜ぶハズ！」という「常識」に対するものであると考えられます。そしてそこから「『マーケティング分析風なことをして、オシャレで今っぽいお弁当にすれば喜ぶハズ！』というわけでもないのではないか？」という「疑問／問い」が生まれます。

このとき、この「『マーケティング分析風なことをして、オシャレで今どきっぽいお弁当にすれば喜ぶハズ！』というわけでもないのではないか？」という「疑問／問い」をさらに掘り下げて考えてみるのがSTEP4「仮説／推論」です。例えば、次のような3種類の言葉に言い換えた案が思い浮かんだとします。

言い換え案①「マーケティング分析風なことなどせず、もっと〝**驚き**〟があったほうがお客さんも喜ぶ」のではないか?

言い換え案②「マーケティング分析風なことなどせず、もっと〝**遊び心**〟があったほうがお客さんも喜ぶ」のではないか?

言い換え案③「マーケティング分析風なことなどせず、もっと〝**ユーモア**〟があったほうがお客さんも喜ぶ」のではないか?

このように、いくつもの似たようで微妙に違う言葉の候補を検討しながら、自分やまわりの人たちの感覚に「ピタッとハマる」まで、何度も検討して精緻に言語化していきます。そして、例えば最終的に「自分たちの感覚に最も『ピタッ』とハマって腑に落ちたのは、『遊び心』である!」と考えたとします。このように、STEP3の「疑問」や「問い」が納得のいく精度の言葉に置き換わったものを、本書ではSTEP4で「仮説/推論」と呼ぶことにしています。

図2−12　どんな言葉がピタッとくるか

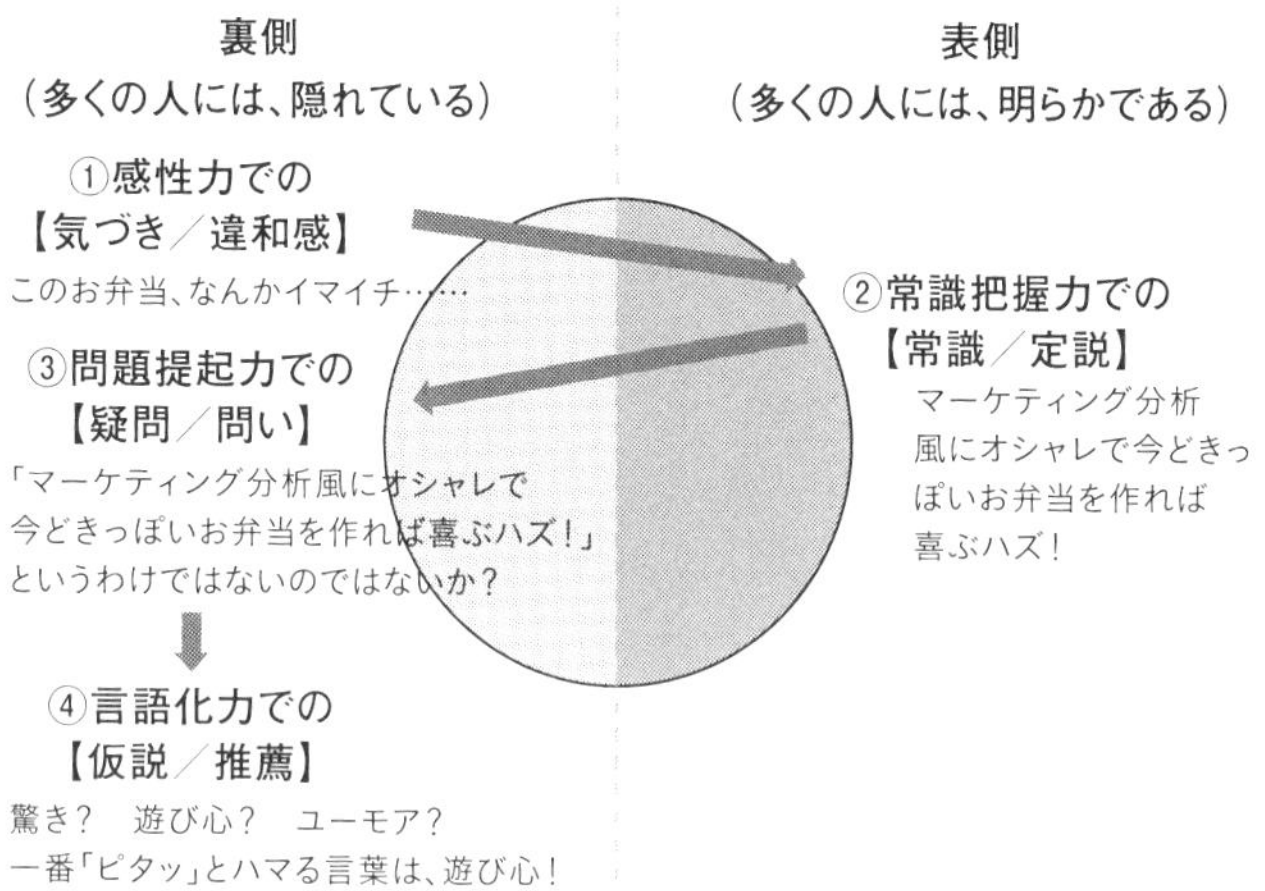
裏側
（多くの人には、隠れている）
表側
（多くの人には、明らかである）
①感性力での
【気づき／違和感】
このお弁当、なんかイマイチ……
②常識把握力での
【常識／定説】
マーケティング分析風にオシャレで今どきっぽいお弁当を作れば喜ぶハズ！
③問題提起力での
【疑問／問い】
「マーケティング分析風にオシャレで今どきっぽいお弁当を作れば喜ぶハズ！」というわけではないのではないか？
④言語化力での
【仮説／推薦】
驚き？　遊び心？　ユーモア？
一番「ピタッ」とハマる言葉は、遊び心！

以上のように、「疑問／問い」を「仮説／推論」にする際に、どんな言葉を選ぶかという言葉に対するセンスは大切すぎるほど大切です。**一番時間をかけるべきプロセスがこの「言語化」の作業なのです。**「インサイトは言語化が9割」と言っても過言ではありません。

なぜならば、インサイトを見つけるプロセスで考えていることとは、大袈裟かもしれませんが、要するに「人間とは何か？」ということだからです。

人間は、多様でグラデーションがあって複雑に絡み合った「感情」を持っています。だからこそ意識的、無意識的に人に隠し事をしてしまったり、つい嘘をついたり誤魔化したりすることがあります。さらには、発する言葉と、本人の行動が違っていたり、相反することや矛盾する感情を同時に感じたりしています。葛藤したり、見栄を張ったり、猥雑なものを好んだり、愚かだったりもします。

要するに、人間は、この上なく複雑で曖昧なのです。そして、非常に複雑で曖昧な人間がふと抱く「感情」というものを正確に捉えて、多くの人と誤解なく共有するためには「精緻な言葉」を選ぶ、という方法しかないのです（単に「感情」を共有するためだったら、絵画や映像や音楽でもできますが、多くの人と誤解なく共有する、という点では言葉が最も適しています）。

このように「言語化」自体、なかなか骨の折れる作業なのですが、その方法論に関しては、大きく次の5つのポイントを意識していれば大丈夫です。

○似ているようで違う曖昧な感情を明確にする「類義語」
○反対の言葉でモヤモヤの輪郭を明確にする「対比表現」
○「強い感情を表す言葉」と「思わずホンネが露見する言葉」
○「ザックリとした言葉」で、絶対に満足しない
○「対話」の力で、自分やみんなの感覚にピタッとハマる言葉を見つける

1つずつ解説していきます。

似ているようで違う曖昧な感情を明確にする「類義語」

正確に言葉を選ぶためにはまず、「類義語」を意識しましょう。

そのためには、あなたの感情や感覚を精緻に表すその言葉は、「他のどの言葉に近くて、どの言葉とは違うのか？」を考えます。そして言葉を選んでいく際には、ターゲットやチームメンバーなどが「まさにソレ！」と感じられるか？、自分自身が心から腑に落ちるか？、あなたの感情や感覚に「ピタッ」とハマるか？など、その感覚を徹底的に追い求めてください。

「類義語」には「評価と評判」「知識と知恵」「高級と贅沢」など様々なものがあります。この似て非なる2つの言葉には「共通に含まれている意味」と「片方にしか含まれていない意味」があります。この「片方にしか含まれていない意味」が「隠れた」部分である場合が多々あるのです。

例えば、「知恵」という言葉を使いたいとき、類義語として「知識」という言葉が出てきたとします。このとき「あの人は、知識はあるけど、知恵はない」という表現で考えてみると、「学校で学ぶような知識はあるけれど、それを活用していく知恵がない」ということなのではないかというニュアンスがわかります。すると、自分が「知恵」という言葉を使いたいと思ったのは、

図2—13　どんな言葉がピタッとくるか

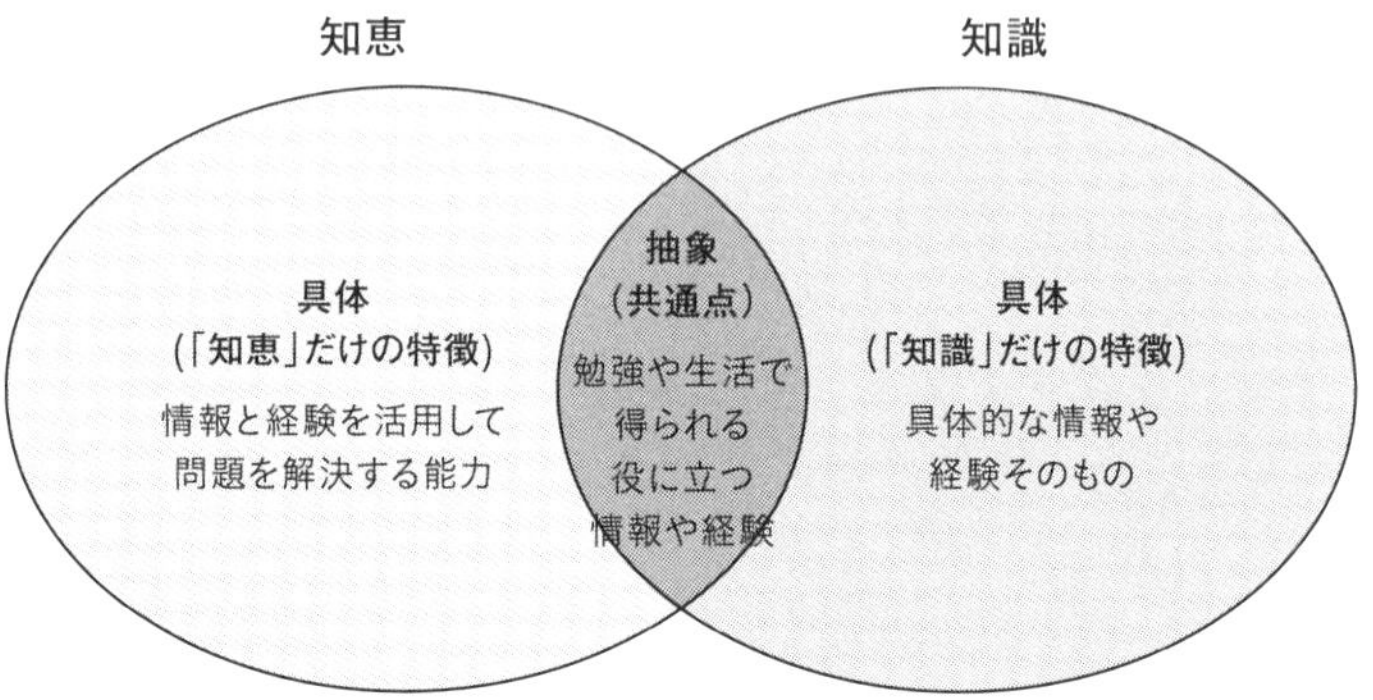

「知識を活かす力」のようなことを言いたいのではないか、ということがわかります。

これは、**「具体と抽象」**という話でも説明できます。「抽象化」とは、複数のモノの中に「共通性」を見つけることです。一方で「具体化」とは、複数のモノの中の「違い」を明確にすることです。先ほどの似て非なる言葉である「評価と評判」「知識と知恵」「高級と贅沢」には、それぞれの2つの言葉の間に、多くの「共通性」がありつつ、わずかな「違い」がありま す。この「具体的でわずかな違い」を踏まえて、どれだけ的確に言葉を選ぶかが「まさにソレ！」とか「ピタッとハマる」という感覚の正体です。そして、このような場所にホンネが〝隠れて〟いることが多いのです。

実は「具体的でわずかな違い」を正確に捉

えるためには、膨大な知識や情報のストックが必要です。似ている多くのものを知っているからこそ、わずかな違いもわかるのです。個人一人の力だけで精緻な言葉を探そうとすると大変ですが、近道はあります。それが「対話」の力を活用することです。この「対話」については、156ページで後述します。

反対の言葉でモヤモヤの輪郭を明確にする「対比表現」

もう1つは「対比表現」です。「疑問」や「問い」を、より明確に認識したり、表現したり、伝えたりするために、あえて「その『反対の言葉』は何なのか？」を強く意識するということです。「気づき」や「違和感」は、非常に曖昧な感情だったりモヤモヤした感覚だったりします。それを少しずつ明確にしていくためには、意識的に反対の言葉や概念などを持ち出すことで、少しでもその曖昧な輪郭をはっきりとさせます。

例えて言うなら、ぼんやりとした影に対して、あえて強い光を当てることで、ぼんやりとしていた影の輪郭を明確にしていく、というようなイメージの作業です。

「対比表現」を活用するもう1つの理由としては、非常に曖昧な感情や感覚の「構造を単純化する」ということです。曖昧なものゆえに大きくグループ分けして、「どちらのグループに属するのか？」という視点を導入すると、少しずつ輪郭がはっきりとしてきます。

こちらも、「コンビニ弁当」の例で見てみましょう。

「マーケティング分析風なことをして、オシャレで今どきっぽいお弁当を作れば、お客さんは喜ぶハズ！というわけでもないのではないか？」という「疑問」に対し、「驚きが必要ではないか」「遊び心が足りないのではないか」などと、自分やまわりの人たちの感覚に「ピタッ」とハマるまで、何度も検討して精緻に言語化していく、と先ほど説明しましたが、この驚きや遊び心、ユーモアといった言葉を具体的にどうやって探していくのでしょうか？　このときに使えるのが「対比表現」です。

「コンビニ弁当」に対して、思考を進めていく中で出てきた言葉は次のようなものです。

退屈
オシャレ
今どきっぽい
売れればいい
分析

マーケティング

これらの言葉のグループに対して、「対比表現」という視点で、それぞれの単語の「反対の言葉」を考えていくと、例えば次のようになります。

〈コンビニ弁当に関する思考を進める中で出てきた言葉とその反対語〉

退屈　↕　驚き
オシャレ　↕　中身で勝負
今どきっぽい　↕　いつの時代も共通
売れればいい　↕　嬉しければいい
分析　↕　遊び心
マーケティング　↕　自社のこだわり

このように、「気づき」や「違和感」から「疑問／問い」へと考えを掘り下げていく中で出てきた言葉と、その「反対の言葉」を一覧にして、両方の言葉のグループを俯瞰してみると、〝表側〟と〝裏側〟の違いが構造的かつ立体的に、くっきりと見えてこないでしょうか？

上の言葉のグループは、短絡的に売れることを目指して、マーケティング分析風なことをして、今どきっぽくオシャレなものを作れば退屈でもいい、といった考え方に見えてきます。

一方で、下の言葉のグループは、流行やマーケティング分析風なことに惑わされずに、自社のこだわりや、遊び心や驚きのある提案でお客様に嬉しさを届けたい、といった考え方に見えてきます。


つまりは、上は〝表側〟の「常識／定説」を具体化していく言葉のグループであり、下は〝裏側〟の「疑問／問い」を具体化していく言葉のグループなのです。したがって、「マーケティング分析風なことをして、オシャレで今どきっぽいお弁当を作ればお客さんは喜ぶハズ！というわけでもないのではないか？」という「疑問」は、例えば、

「マーケティング分析風なことなどせず、もっと〝遊び心〟があるお弁当のほうがお客さんも嬉しいのではないか？」


というような、より精緻に言語化された「仮説／推論」になっていきます。

以上のように、「疑問／問い」に関する考えを掘り下げて精緻に言語化していくときは、このように「ある言葉」のグループと「反対の言葉」のグループを対比的にセットで考えていきます。

次に、この2つの対比的な言葉のグループを、俯瞰してみます。そうすると、当初の**「マー**

ケティング分析風なことをして、オシャレで今どきっぽいお弁当を作れば、お客さんは喜ぶハズ！というわけでもないのではないか？」という漠然としていた「疑問／問い」に、より明確な輪郭が与えられてはっきりとしてきます。

それまで曖昧だった「疑問／問い」の考えが研ぎ澄まされて、少しずつ精緻な言葉になり、「仮説／推論」に成長していく感覚がつかめるかと思います。

「強い感情を表す言葉」と「思わずホンネが露見する言葉」

以上のような「類義語」と「対比表現」に加えて、さらに「感情」に関する言葉を意識してみましょう。そこに複雑で曖昧な感情をより精緻に表現するヒントがあります。

着目してほしいのは、次の2つです。

①強い感情を表す言葉

インサイトは「人を動かす隠れたホンネ」なので、人を動かすような「強い感情を表す言葉」に着目します。

②思わずホンネが露見する言葉

誰かの言葉に触発されて、隠れていた気持ちやホンネがつい出てくることがあります。「本当は」「実は」「正直に言うと」といった言葉とつながったホンネから、強い言葉が見つかる可能性があります。

これらについては、第3章で具体的に詳しく見ていきます。

「ザックリとした言葉」で、絶対に満足しない

『シャイニング』『ショーシャンクの空に』『スタンド・バイ・ミー』等の原作小説で知られ、世界的なベストセラー作家として有名なスティーヴン・キングは『書くことについて』（スティーヴン・キング著　田村義進訳　小学館）で、次のように言っています。

優れた描写というのは、すべてを一言で語るような選び抜かれたディテールから成り立っている。

文章を書くときに避けなければいけないのは、語彙の乏しさを恥じて、いたづらに言葉を飾ろうとすることである。

いいものを書くためには、不安と気取りを捨てなければならない。気どりというのは、他人の目に自分の文章がどう映っているかを気にすることから始まる。

要するに、言葉で表現するということは、人目を必要以上に気にして、無駄に装飾的で不正確な言葉を使うのではなく、自分が心から腑に落ちる端的でシンプルな言葉を選りすぐって正確に表現しなさい、ということです。「装飾する」のではなく「選りすぐる」といった感覚が一番近いかもしれません。

例えば、ある出来事に対して、あなたが「嬉しい」「悲しい」というような感情を持ったときに、あなたに生まれたその感情は、本当にこのような「嬉しい」「悲しい」といった大雑把な言葉で十分かつ正確に表現できているのでしょうか？　まずは、今一度振り返ってみてください。丁寧に自分の感情を深掘りして言葉にしてみると、例えば「嬉しい」でも、「すごく嬉しいけど、ちょっと申し訳なくも思っている」とか「確かに悲しいけど、まあ仕方ないことだとも思う」などのように、実はそこに〝隠れている〟ものが見えてくることがあります。

よくある「常套句（決まり文句）」や「専門用語」「流行ワード」など、見かけの良い言葉を使うときには、最大限の注意を払ってください。これらのいかにも〝通りの良い言葉〟は、その言葉を選んだ時点で、うまく表現できていると自分が満足したり、勘違いしたりしてしまいがちで、端的で正確な表現からは、無意識的に離れていってしまっていることが多いのです。

最近至る所で聞くような、流行っている言葉だけれど、捉え方次第でいろいろな解釈を生んでしまい、意思疎通の妨げになる抽象的で曖昧な「横文字の言葉／カタカナ言葉」などに惑わされないでください。目新しさがなく、平易でよく聞くような言葉でも、自分の感覚が「ピタッ」とハマる言葉にできていることのほうが、精緻な言語化をするときにははるかに大切です。

「対話」の力で、自分やみんなの感覚にピタッとハマる言葉を見つける

ここでは、「対話」の重要性について説明します。「対話」こそは、精緻な言語化をしていくときに、非常に有用な道具になります。

本書での「対話」とは、広い意味での「対話」という意味で使っています。それは、リアルな場で言葉を交わす「対話」だけでなく、ターゲットを対象にしたインタビューやオンラインヒアリングなどの方法、SNSや評価サイト上のコメントの閲覧や書き込み、家族や友人との雑談など、すべての言葉のやりとりを広い意味での「対話」として含めることにします。

さて、先ほどの『問いかけの作法』では、次のように「対話」が定義されています。

対話が議論と明確に異なる点は、論理や正しさの観点から「チームにとっての最適な結論」を出そうとしない点にあります。それよりも意見の背後に、それぞれのメンバーがどのような意味づけをしているのか、理解を深めることの方が重要です。自分とは異なる意見が出てきても、「それは違う」「私は反対だ」と焦って判断や評価を下さずに、「この人はなぜこのような意見を持っているのだろうか」「背後で、何を大事にしているのだろうか」と、暗黙の前提や価値観に興味を持って、理解しようと努めるのです。

（『問いかけの作法』安斎勇樹著　53〜54ページより引用）

対話が非常に有用な理由は、論理的な正しさからの最適解ではなく、それぞれのメンバーの意見の背後にある意味づけや暗黙の前提、価値観の力を借りられるからです。つまり、あなた独自の「気づき／違和感」を自分一人で突き詰めて熟考していくこともとても大切なのですが、それだけに閉じてしまうと、遅かれ早かれ行き詰まる可能性があります。そのときに、自分の外側にある他人の意見や価値観が大きなヒントになることが多いのです。

行き詰まりそうになったら、自分の中で狭く閉じた範囲での思考になることをなるべく避けて、広く多様な人々の意見や価値観を聞いたり見たりして、自分の考えていることを明確にしたり、精緻化したりすることを心がけるとよいでしょう。

対話の2つの効果：「深掘り」と「言葉探し」

特に「対話」が効果的なのは、大きく2つの場面です。

①あなたの「気づき／違和感」が、どのような「常識／定説」に対して抱いたものであるのか、どういった「疑問／問い」につながるのかということについての思考を深めたいとき

自分の頭で思い浮かんだ言葉にこだわりすぎずに、それらを一度、「対話」の中に放り込んでみてください。すると、気づかなかった見方や足りなかった視点、曖昧だったものがよりはっきり見えてきたりします。

②「疑問／問い」を「仮説／推論」にするプロセスで、より精緻な「言葉探し」をしたいとき

意外と、自分の中にある言葉の種類は偏っていたり、少なかったりします。このときは、いくら考えても、自分特有の同じような言葉づかい、いわば「閉じた言葉の世界」にとどまってしまうことが多く、ぴったりな言葉が見つからないままに、安易な「常套句」や「専門用語」「流行ワード」に落ち着いてしまいがちなのです。

「ピタッとハマる」言葉が見つからないと思ったら、ぜひ「対話」をしてみてください。今まで、自分では出てきそうで出てこなかった言葉が出てくることがあることでしょう。逆に、あなたが考えていることをより明確にするような、正反対の言葉や対極にある概念が見つかることもあるかもしれません。

「対話」の中に「気づき／違和感」や「疑問／問い」を放り込んでみることで、より精緻な言葉が見つかり、「仮説／推論」や「インサイト」へと成長していく実感が持てることでしょう。

「言語表現の創造性」とは「書き方のノウハウ」ではなく「読み手に対する敬意」である

「言語化力」のステップの最後に、「言語表現における創造性とは何か?」について、エッセイストの内田樹さんが記した非常に示唆に富む文章を、少し長いのですが紹介させてください。「仮説／推論」や「インサイト」を精緻な言葉にしようとするときの姿勢として、大いに参考になるはずです。それは「言語表現の創造性」とは「読み手に対する敬意」であるということを中心に次のように書かれています。

> 敬意は「お願いです。私の言いたいことをわかってください」という構えによって示されます。(中略)敬意というのは「読み手との間に遠い距離がある」という感覚から生まれます。自分がふだん、友達と話しているような、ふつうの口調では言葉が届かない。(中略)そういう「身内の語法」では話が通じない。自分の使い慣れた語彙やストックフレーズを使い回すだけではコミュニケーションが成り立たない。そういう「遠い」という感覚があると、自分の「ふだんの言葉づかい」から一歩外に踏み出すことになります。自分がふだん使わない言葉づかいで語るようになる。(中略)

情理を尽くして語る。僕はこの「情理を尽くして」という態度が読み手に対する敬意の表現であり、同時に、言語における創造性の実質だと思うのです。創造というのは、「何か突拍子もなく新しいこと」を言葉で説明することではありません。そんなふうに勘違いしている人がいるかもしれませんが、違います。言語における創造性は読み手に対する懇請の強度の関数です。どれくらい強く読み手に言葉が届くことを願っているか。その願いの強さが、言語表現における創造を駆動している。（中略）

数十年にわたり、賢愚とりまぜ腐るほどの様々な文章を読み、また自分も大量の文章を書いてきた結果、僕は「書く」ということの本質は「読み手に対する敬意」に帰着するという結論に達しました。それを実践的に言うと「情理を尽くして語る」ということになります。

（『街場の文体論』内田樹著　ミシマ社　15〜17ページより引用）

「仮説／推論」や「インサイト」という、複雑極まりなく曖昧なものを、精緻な言葉にしようとするときは、このように「読み手に対する敬意」や「情理を尽くして語る」ことを、筆者も常に忘れないようにしたいです。

「出世魚モデル」の使い方

STEP5

自分の言葉を、みんなに信じてもらう

＝客観的に誰もがわかるように「確認／検証」する（説得力）

ＳＴＥＰ５は、日頃、予算や時間、人的リソースをかけた「調査」や「リサーチ」ができる方で、上司や社内、クライアントなどの関係者を説得する必要がある人は、ぜひトライしてみてください。

このプロセスは、インサイトに育っていくだろう「仮説／推論」を、客観的な裏付けのある「インサイト」にするための最後の確認作業です。

前のプロセスまでで、いわゆる「インサイト」と呼ばれるものはほぼ明確になっています。

しかし、まだこの段階では、ただ単に自分やチームメンバーなどの関係者や、話を聞くことができた限られた人の間で、共感されたり、当てはまったりすることだと言われても否定できません。

限定的で個人的な「仮説／推論」ではなく、より客観的な「インサイト」としての確からしさを上げ、多くの人に伝え、説得していく作業が、場合によっては必要です。最初に気づいたときの孵化するかどうかわからない卵のような「思いつき」とは言わせずに、客観的な裏付けを持った「インサイト」という、成長し切った〝成魚〟にするのです。

具体的には、「定量調査」「定性調査」「事例や関連事象」などの手法があります。それぞれについて見てみましょう。

良いインサイトは、生活者の「隠れたホンネ」をさらに引き出す

まず、「定性」的な確認方法についてです。

「定性調査」とは、1回に1人、あるいは3～10人程度の人に対してインタビューする調査方法です。司会者（モデレーター）1人に対して、複数人の参加者を集めてインタビューを行なう方法をグループインタビュー（FGI＝Focus Group Interview）と言います。参加者同士がお互いの意見に影響を受けて、活発な発言を引き出すことができます。司会者と参加者が1対1で行ない、参加者の深層心理を掘り下げていくインタビューをデプスインタビュー（DI＝Depth

Interview）と言います。

定性的な確認は、インサイトを見つける1～4までのステップでも、チームメンバーやターゲットの反応を確認してきた中で基本的にはできています。したがって、ＳＴＥＰ５で最後にダメ押しとして、一般生活者に向けて「定性的」に尋ねる機会が持てるならば、そのＳＴＥＰ４までに共感されてきた「仮説／推論」が、一般生活者にとっては「より具体的にどのような気持ちのことなのか？」を詳細に掘り下げて把握していくことを目指すとよいでしょう。

優れたインサイトであれば、定性調査に協力してくれる生活者にとっても「まさにソレ！」という共感度が非常に高いものになっているはずです。深く話を聞いていけば、ＳＴＥＰ４までの自分では思いつきもしなかった、生活者それぞれの人の暮らしに基づいた、リアルでイキイキとしたシーンや、より繊細な気持ちが面白いように出てくることでしょう。

第1章で、優れたインサイトには「人の発想を拡げるインスピレーションを感じさせるか？（Inspiration）」という要素が必要であると述べましたが、定性調査でも、それは同様です。良いインサイトは、生活者にもインスピレーションを与え、生活者自身さえも自覚していなかったホンネが隠れているシーンを引き出す力があるのです。

これらの定性調査で得られた、生活者のインサイトを表す多様なイキイキとしたシーンや繊細な気持ちは、インサイト自体の確からしさを証明するだけでなく、その先のアイデアや施策の発想材料として非常に有効に働きます。「そういうシーンでこういう気持ちになるのだったら、こんなアイデアがよいのでは？」といったように発想がどこまでも拡がっていくのです。

優れたインサイトは、8割以上の共感度が得られる

次に、「定量」的な確認方法についてです。

定量調査とは、アンケート調査などで、定量的な統計データとして扱える、多くの人数を集めて意見を尋ねる調査手法のことです。人数は30～数万人、数百万人単位まで様々です。昔は紙のアンケート用紙に記入してもらう方法が多かったのですが、最近ではオンライン上のアンケートシステムで回答してもらって集計する方法が主流になりつつあります。

定量調査ではSTEP4までに言語化できた「仮説／推論」に対して、端的に「共感できるか？」「自分にも当てはまると思えるか？」「そう思えるか？」などを聞いていきます。

聞き方は賛成or反対の二者択一で答えてもらう方法や、ポジティブorネガティブを次ページ

の図2－14のようにそれぞれ2つずつの計4段階に分けて、それぞれに集まった票の数を統計的に集計しやすくしながら、直接的に聞いていきます。

もし、STEP4までに、有力なインサイトに成長しそうな「仮説／推論」の案が複数あるときや、端的に仮説を表現する「言葉」の案が複数あるときなどは、その複数を定量調査で尋ねてみて、どれがいいのかを確認してみてもよいかもしれません。

「仮説／推論」への共感度を測るための定量調査の集計結果としては、対象とするターゲットのだいたい**8割以上**が共感や同意を示してくれれば、確実に上司や社内、クライアントなどの関係者に対して、説得力を持ったインサイトになったと言えるでしょう。

実際に、チームメンバーやターゲットの「まさにソレ！」という強い同意があれば、これくらいの割合の賛成が得られることが多いです。

一方、共感度や同意が8割以下であるとか、思ったような割合に達しなければ、1つ前のステップに戻って「仮説／推論」の表現や言葉選びなどの「言語化」のプロセスを再度行なってみる必要があるかもしれません。

ただし、前にも述べましたが、こちらの狙い通りに「人を動かし」、目的を達成できるような、

図2−14　聞き方の例

【ポジティブ２段階＋ネガティブ２段階の計４段階での選択肢の例】

・「とても共感できる」「やや共感できる」「あまり共感できない」「まったく共感できない」
・「自分にも当てはまる」「やや自分にも当てはまる」「あまり自分にはあてはまらない」「自分には当てはまらない」
・「そう思う」「ややそう思う」「あまりそう思わない」「そう思わない」

【仮説が複数ある場合の例】

複数のインサイトを１つずつ見せて、１つずつ聞いていく。

①　この文章を読んで、自分にも当てはまると思いましたか？（４段階評価）
「自分にも当てはまる」「やや自分にも当てはまる」
「あまり自分には当てはまらない」「自分には当てはまらない」

②　①でお答えになった回答の理由を教えてください。

③　これらの案の中で、「最も良いなぁ」と思ったのはどの案ですか？（すべての案を一度に見せて、１つだけ選んでもらう）

④　なぜ③で選んだ案が、一番魅力的に感じたのですか？

有効なアイデアや施策につながらなければ、インサイトはあまり意味をなさないことを忘れないでください。

また、すべてにおいて、インサイト自体の正しさを定量的に証明しなければならないわけではありません。例えば社内の上司に自分の考えた企画や方向性、戦略を承認してもらうためにエビデンスが必要であるときなどのように、あなたが携わるプロジェクトを進める上で、インサイトの正しさを数字やデータなどの「定量」で、客観的に証明する必要があるときだけだということは留意してください。あくまでも、優れたインサイトとは、良いアイデアや施策を発想するための羅針盤なのです。

ちなみに、定性調査にも、定量調査にも、どちらにも得意なことと不得意なことがあります。2つの調査手法をどう使い分けていけばいいのかの参考になるように、定量調査と定性調査のそれぞれのメリット・デメリットを図2－15にまとめておきました。

成功事例や感動したコンテンツにも、必ず優れたインサイトが潜んでいる

以上のような定性調査や定量調査以外にも、「事例や関連事象」を活用しての確認方法があります。こちらは、予算や時間をかけた、しっかりとした定性調査や定量調査を実施することが

図2−15 定性調査と定量調査のメリット・デメリット

	定性調査	定量調査
メリット	□非言語領域の言葉・表情・しぐさ等から情報を得られる □想定外の発見を得やすい □数値化できない「感情」や「心理」を知ることができるので、発見した事実の裏側にある理由までを理解することができる □たった1つの言葉でも拾うことができる	□明確な数値や量、割合のデータで事実を把握できて裏付けになる。全体を把握し、アタリをつけられる □数値で理解するので客観性が保たれやすい □理解しやすく、誤差も少ない □少数意見は切り捨てられるので効率的
デメリット	□代表性に乏しい □結果の解釈に客観性が保たれにくい □分析者のスキルにより、解釈に差が出る □インタビュアーのスキルにより、うまくいかないことも（※信頼できるインタビュアーを必ず選ぶ！） □具体的な意見を深掘りできるが、狭い範囲での回答になってしまうことも	□聞いたことしかわからない、言語領域でしかわからない □想定外の方法を引き出すことが難しい □理由がわからない。表面的な情報や解釈にとどまってしまうことも □多数意見に注目しがちで、少数意見が軽んじられやすい

難しそうな方でも、簡単に行なうことができます。

シンプルなやり方で言うと、一般的に共感を得やすい「あるある」として知られる行動や現象を、将来的にインサイトとなりそうな「仮説／推論」が当てはまる事例として説明してみることです。つまり、「その仮説って、本当にインサイトなの？」と疑問を持つ人々を説得するには、あなたが新しく発見した「仮説／推論」が当てはまる「あるある現象」を提示して共感を得ることが、一番労力がかからない方法です。

例えば、「モノの値段を、高いと感じるか安いと感じるかは状況次第で大きく変わるのではないか？」という「仮説／推論」があったとします。次のような場合を考えてみましょう。

よくある松竹梅のコース料理で、松5万円、竹4万円、梅3万円という選択肢の中では、コース料理の中身を吟味したとしても、「極端を回避する」真ん中の価格である竹の4万円が選ばれることが一番多いという例があります。また、行動経済学では「おとり効果」と言われているのですが、定価3万円で売れなかった製品があったとして、より高機能で高額の5万円の製品が出た途端に、3万円の製品が5万円と比較して「安い」と感じてしまい、3万円の製品が急に売れ出す、という現象もあります。

以上のように、モノの値段を高いと感じるか安いと感じるかは、絶対的な感覚ではなく、他に新たな選択肢が出た途端に、大きく変わる、という例がたくさんあります。このような例を、いくつか出して「モノの値段を、高いと感じるか安いと感じるかは状況次第で大きく変わるのではないか？」というあなたが発見した「仮説／推論」を、インサイトであると裏付けることができるでしょう。

または、同じインサイトをもとに考案されたと推測できる、有効なアイデアや施策の成功事例を紹介することも、そのインサイトの正しさを伝えるための良い手段かもしれません。先進事例や海外事例などをリサーチして収集するときに、それらの事例が成功した裏には、どのようなインサイトがあったのか？ということを、日頃から探るようにしていると、いろいろなインサイト事例のストックができます。

例えば、最近「大人の○○」というネーミングの商品やサービスがいくつかヒットしています。お菓子や玩具であったり、旅行サービスであったりしますが、ここにはどのような「インサイト」が隠れているのでしょう?

これら「大人の○○」のターゲットは、多くの場合は高齢の方々、一般的には「シニア」と呼ばれる人たちである場合がほとんどです。このときに、そのまま「シニアの○○」というようにネーミングしたとしたらどうでしょうか? おそらく、ヒット商品にはなっていないかもしれません。つまり、**「確かに高齢になってきてはいるけれど、『シニア』とは言われたくない!」**というシニア層の「インサイト」が、そこにはあるのではないでしょうか。シニア層をターゲットとしているけれど、「シニア」という言葉を使わずに、それでいてシニア向きの商品サービスである、と気づかせるためのアイデアが「大人の○○」という表現なのかもしれません。

また、有名な「漫画の一コマ」や「映画やドラマの名シーン」などを提示することも、あなたの「仮説/推論」をインサイトとして説明する事例として有効です。有名な一コマや名シーンは、強い共感を得やすいインサイトがあるからこそ、多くの人々の心をつかんでいるからです。

図2−16　『スラムダンク』のセリフ

『スラムダンク』（井上雄彦著　集英社）第276話より

例えば、『スラムダンク』の最後に次のような名シーン&名セリフがあります。絶対王者の山王工業高校が、湘北高校にまさかの敗北を喫した後で、大きく肩を落とす選手たちに対し「『負けたことがある』というのが、いつか大きな財産になる」と、山王の監督が励ますシーンです。このセリフ自体が「失敗は成功のもと」のような、多くの人が共感できる優れたインサイトなので、似たようなインサイトが正しいことを証明したいときに使えます。

こういった引き出しを持っておけば有効に活用できます。

コンテンツが好きな人は、感動するシーンには、どのようなインサイトがあるのだろう？と思いをめぐらせながら視聴していると、いざというときに使えるかもしれません。

第 3 章

実践
「インサイト」の育て方

事例:「出世魚モデル」でインサイトを育てよう

ここからは、「出世魚モデル」を活用してインサイトを見つけていく過程を、具体的な事例を用いて詳しく解説します。マーケティングや事業開発、企画など、より本格的に仕事に活かしたい方はぜひ参考にしていただけたらと思います。

ここでは、アサヒビール株式会社と株式会社電通デジタルが共同で設立したスマドリ株式会社によってオープンされた『スマドリバー渋谷』の事例を用いていきます。

【出世魚モデル　再掲】

STEP1　日常の中の違和感に目を向ける

＝直観や観察に基づいて、「**気づき／違和感**」を持つ（感性力）

STEP2　違和感を抱いたのはどんな常識か?

＝日常の暮らしの中の「**常識／定説**」を改めて明確に把握する（常識把握力）

STEP3　常識の裏には、どんなホンネが隠れているのか?

＝当たり前だと思われていることに「**疑問／問い**」を持つ（問題提起力）

STEP4　隠れたホンネを、自分の納得いく言葉にする

＝自分の目で改めて世界を捉え直した「**仮説／推論**」を立てる（言語化力）

STEP5　自分の言葉を、みんなに信じてもらう

＝客観的に誰もがわかるように「**確認／検証**」する（説得力）

「飲めない人」のインサイトを探る『スマドリバー渋谷』

『スマドリバー渋谷』は、体質的にお酒が飲めない人や弱い人、あえてお酒を飲まない人をメインターゲットに、ノンアルコール／ローアルコールのドリンクを楽しんでもらうことを目指して作られた新しいカタチのバーです。「飲めない自分のままでいい〜飲めても飲めなくても、みんな飲みトモ〜」というコンセプトのもとオープンし、テレビ番組やネットなどのメディアで取り上げられ、非常に話題になりました。さらに、公益社団法人日本マーケティング協会が主催する「日本マーケティング大賞２０２３」において、最優秀のグランプリに選出されました。

・『スマドリバー渋谷』 https://www.sumadoribar-shibuya.jp/
・日本マーケティング大賞２０２３　https://www.jma2-jp.org/award/fifteen

このバーは、「度数に頼らなくても、気分をアゲられる大人の特別感を提供する場」として、次のような特徴的な顧客体験（カスタマーエクスペリエンス）を提供しています。

図3−1 『スマドリバー渋谷』

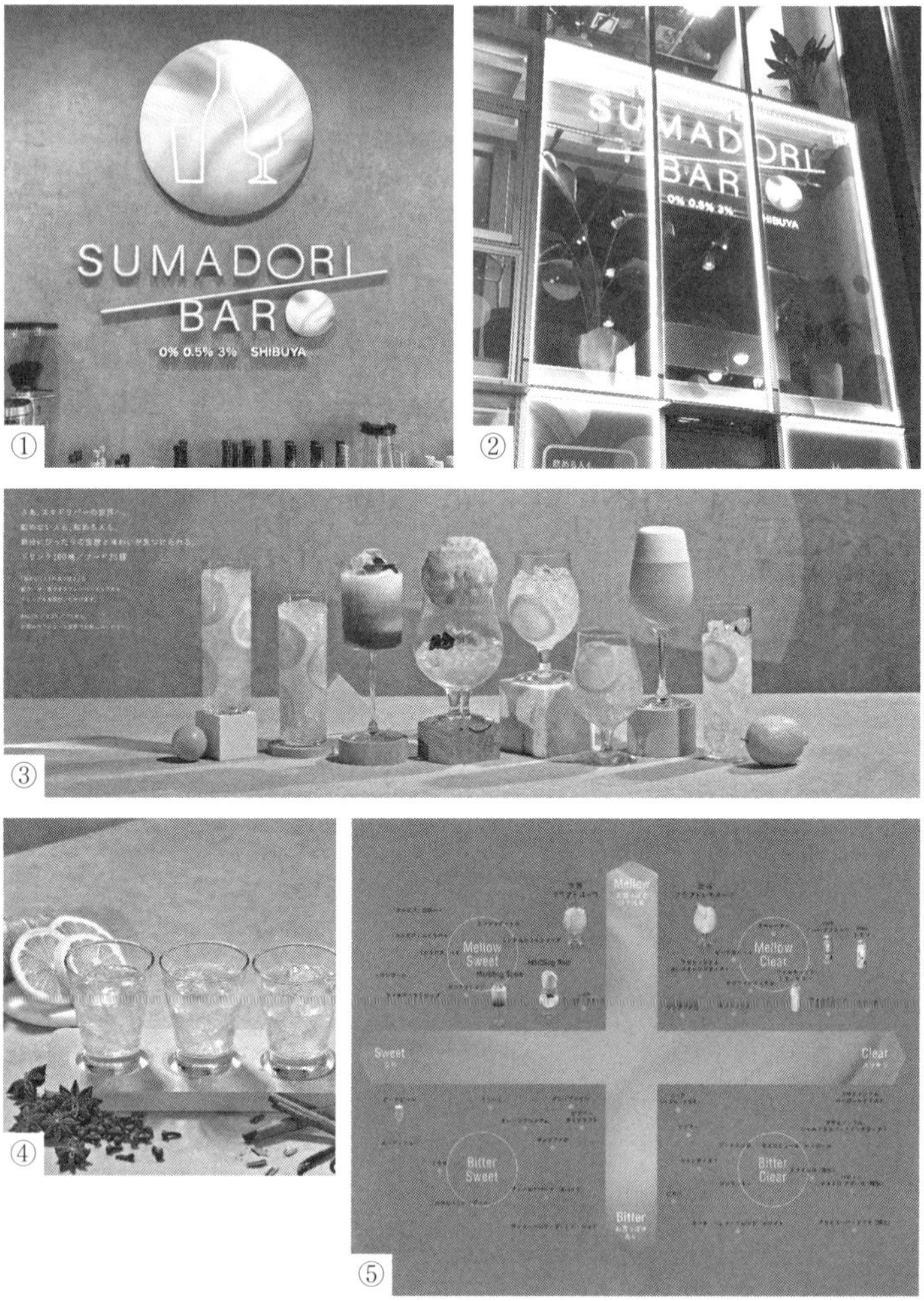

○飲めない人も入りやすいカフェ風の外観やインテリア（図3－1写真①②）
○アルコール度数0％、0.5％、3％を中心に100種類以上の豊富なノンアルコール／ローアルコールのドリンクメニューを用意（③）
○味が同じドリンクで、0％、0.5％、3％と度数の違いを楽しめるグラデ飲み（④）
○お酒の名前や味に詳しくない人でも、一目でわかるドリンクマップ（⑤）
○今までとは逆の「飲めない人」が中心のドリンクメニュー表

これらの特徴的な顧客体験は、とあるインサイトをもとに発想されています。『スマドリバー渋谷』を作るにあたって、どのようにそのインサイトにたどり着いたかを「出世魚モデル」に沿って説明します。

「出世魚モデル」の使い方

STEP 1

日常の中の違和感に目を向ける

――「飲めない人のモヤモヤ」から探り始める

まず「気づき／違和感」ですが、第2章（92ページ）で説明した「感性力」を発揮するためのコツを振り返ってみましょう。

○普段の暮らしの中で感じる、「自分自身の感情」に目を向ける
○クチには出していないが、普段から思っていた「感情」を思い出す
○「人との会話や交流」において「びっくりしたとき」や「引っかかったとき」を意識する
○嫉妬、葛藤、コンプレックスなど、人に言えない「心の底のドロドロした感情」に着目する
○「嫌いだけど、本当は好き」など相反する気持ちに向き合う

第2章で説明した「気づき」や「違和感」とは、自分の予測（＝「常識／定説」）に対しての誤差か

ら生まれる「何か変だと気づける能力」だと説明しましたが、実際にはもっとシンプルに、言葉にできない「モヤモヤ」（未言語化状態）といった段階でも大丈夫です。

ずっと「お酒を飲めない人」として人生を過ごしてきた筆者佐藤は、先ほどの5点を意識しながら、このプロジェクトの最初の打ち合わせで、『今までの人生で、飲めない人として過ごしてきて感じた気づきや違和感』という趣旨の10枚ほどの資料をチームと共有しました。長年にわたって飲めない人として過ごしてきて、自分自身が感じてきたけれど、無意識的に心の底に埋もれてしまっていた「モヤモヤ」を、改めて言葉にして書き出し、「飲めないことの恥ずかしさ」や「飲める人へのうらやましさ」「飲めないことの劣等感」などに目を向けて、そのときの感情を曝《さら》け出してみたのです。

その資料の内容は次のような「気づき／違和感」、すなわち「感情」から成り立っています。

【気づき／違和感（ア）】

飲める人とお酒の場を一緒に楽しんだのに、会計時に飲める人から飲めない人に対して、「飲めないのに遅くまで付き合わせちゃってごめんね！」とか「飲んだから多めに払うよ」と言われたときの、申し訳なさと一抹の寂しさ。

・「別に、自分が付き合いたくて、付き合っているんだけどなぁ……」

・「同じ額を払うほうがフェアだと思うんだけどな……」

【気づき／違和感（イ）】

お酒が飲めない人のための飲み物は「ソフトドリンク」として、いつもまるで「その他」や「オマケ」のようにメニュー表の最後に数種類だけしかないことへの違和感。

・「なんで飲食店では、お酒を飲める人のドリンクメニューはたくさんあるのに、お酒を飲めない人のドリンクメニューは、最後のほうのオマケのように、仕方なしに、数種類しかないのだろう」

・「飲める人はたくさん選択肢があっていいなあ」

【気づき／違和感（ウ）】

そもそも「ソフトドリンク」というのは、大人が飲むにはあまりに子ども染みた名称ではないか。これでは、お酒が飲めない人＝お子さま、と扱われている感じさえする。

・「なんか、飲めない人はバカにされてる⁉　さすがに考えすぎか……」

・「これって、もはや飲めない自分の過剰な『劣等感／コンプレックス』なのか⁉」

これらの感情は常日頃から、筆者佐藤がお酒に関して思っていたことなのですが、どれも特別なことではないので、お酒を飲めない方の多くは大いに共感してくださるかと思います。また、お酒の飲める方も、飲み会の場面やシチュエーション自体には思い当たる節があるかと思いますし、そこでの「飲めない人のホンネ」には意外な発見があるのではないでしょうか。実際にその資料については、チームメンバーの飲める人からは「全然、自分の知らないことが書いてあった！」という感想をいただきました。

　中でも「気づき／違和感」（ウ）について言えば、別に「ソフトドリンク」という名称に関して、誰かが侮蔑的な意味を込めて使っているわけでもなんでもないことは、自分でも常識的に十分にわかっています。ただ、一度、この話題について自分の「感情」を言葉にして自覚し始めると、面白いもので、自分自身でも〝裏側にあって気づかなかったホンネ〟が出てくるのです。このような「気づき／違和感」をうまく言葉にできると、最終的に「インサイト」へと成長する可能性が高いのです。

　ここで、これらを先ほどの「出世魚モデル」で整理してみましょう。

　先ほどの「気づき／違和感」（ア）（イ）（ウ）においての筆者佐藤の「感情」、すなわち、当初の「飲めない人として、日頃感じるモヤモヤ」は、言い換えると**「飲めない人って、飲める人からなんか決めつけられてない？」**という「気づき／違和感」だとまとめることができます。

　このような感情を普段、明確に意識していたわけではありませんが、改めてお酒の場に関して自分が気になっていたことを「感性力」を発揮して思い返してみました。すると、お酒を飲

図3−2　「お酒を飲めない人」のモヤモヤとは?

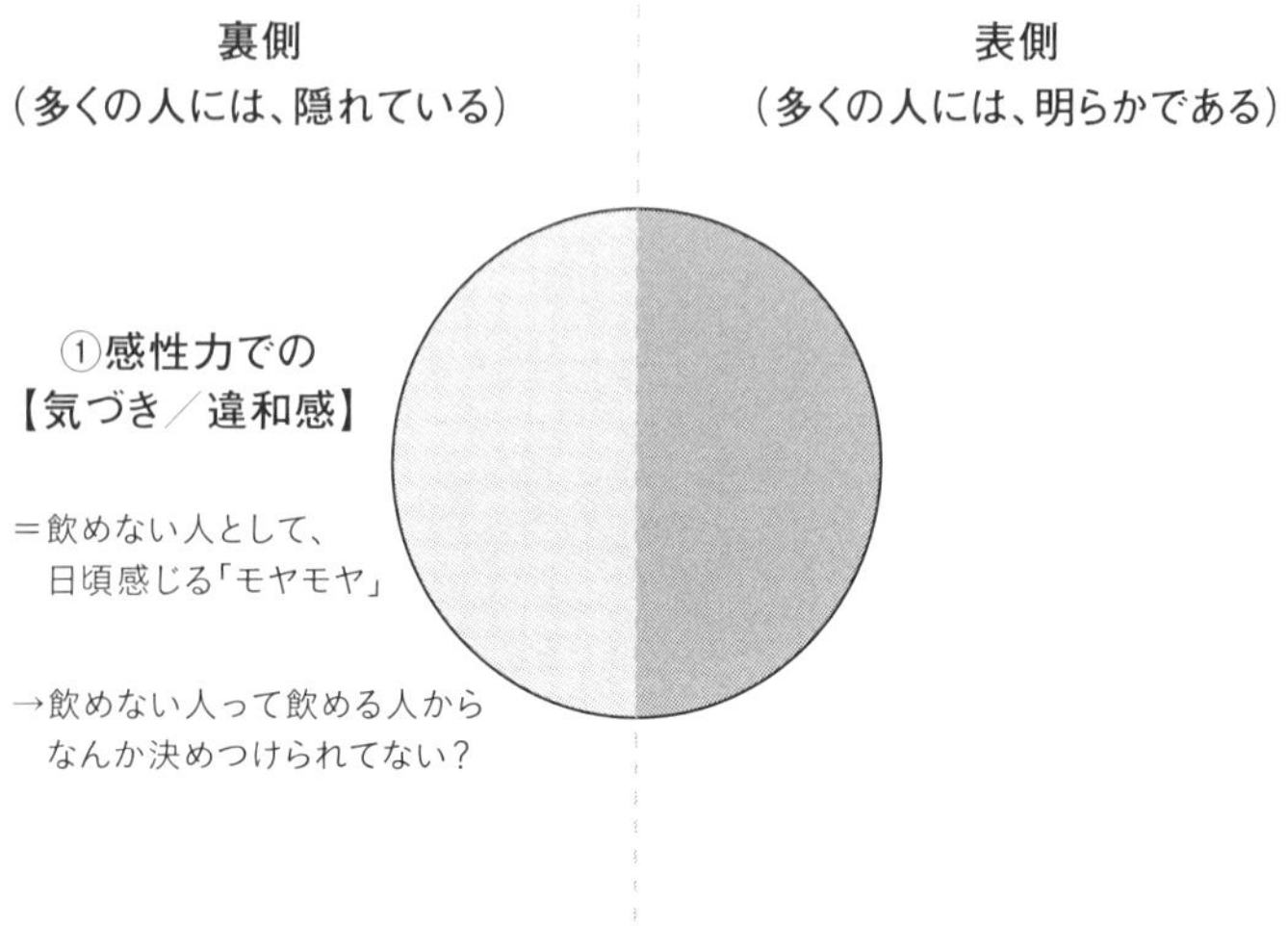
裏側
（多くの人には、隠れている）
表側
（多くの人には、明らかである）
①感性力での
【気づき／違和感】
＝飲めない人として、
日頃感じる「モヤモヤ」
→飲めない人って飲める人から
なんか決めつけられてない？

めない自分というn＝1の経験から、上記のような些細な「気づき」や「違和感」が浮かんできたのでした。

　ここまで読んでいただいたみなさんはおわかりなのではないかと思いますが、大事なポイントは、やはり自分の経験や体験に根ざした〝リアルな感覚〟や〝切実な気持ち〟です。もし自分が「飲める人」であって今回のターゲットではなかったとしても、どれだけターゲットである「飲めない人」のリアルな感覚や切実さに近づけるかが大切です。

　よく、自分や他人の不満やホンネが**「魂の叫び」**と言われることがありますが、そのような「気づき」や「違和感」に出会えたときは、「インサイト」が隠れていることが多いので、注意深く、自分や他人の発言に「魂の叫び」と言えるものがないか見ていくようにしましょう。

「出世魚モデル」の使い方
STEP2

違和感を抱いたのは、どんな常識か？

――「飲めない人の約3分の2は飲み会がキライ」というデータ上の定説

それでは、「お酒を飲めない人」としての「気づき」や「違和感」に対し、世の中には一体どんな「常識／定説」があるのでしょうか？　第2章（114ページ）から、「常識／定説」を改めて認識するポイントは次の3点です。

○あなたの「気づき」や「違和感」は、どんな「常識（定説）」の〝裏側〟に隠れているのか？
○その（隠れていない）〝表側〟にある明らかな「常識／定説」とは何か？
○あなたが気づいたり、違和感を感じたりしたものは、〝表側〟の「常識／定説」の中に含まれてしまっていないか？　単なる「無知」からきたものではないか？

これらのポイントを踏まえて、「気づき／違和感」から、どんな「常識／定説」が逆算されていくのか見ていきましょう。

先ほどの「気づき／違和感」（ア）（イ）（ウ）から、「飲めない人として、日頃感じるモヤモヤ」は、言い換えると「飲めない人って、飲める人からなんか決めつけられてない？」という「気づき」であるとまとめました。

では、その「気づき」は、どのような「常識／定説」の〝裏側〟に隠れているのでしょうか？つまり、飲める人は、飲めない人をどのように決めつけているのでしょうか？　この「飲める人」からの「決めつけ」が、おそらく〝表側〟にある明らかな「常識」です。

【気づき／違和感（ア）】

飲める人とお酒の場を一緒に楽しんだのに、会計時に飲める人から飲めない人に対して、「飲めないのに遅くまで付き合わせちゃってごめんね！」とか「飲んだから多めに払うよ」と言われたときの、申し訳なさと一抹の寂しさ、違和感。

⬅（「気づき／違和感」から逆算）

【常識／定説（ア）】

飲める人が飲めない人に対して、「飲めないのに遅くまで付き合わせちゃってごめんね！」とか「飲んだから多めに払うよ」と言うのは、「飲めないあなたは、飲める自分に対して、当然、不満を抱えているんだよね？」と推測しているような意識があるように思える。要するに**「飲めないあなたは、〃お酒の場に無理に合わせている〃んだよね」**という、必ずしもすべての人や場合に当てはまるわけではない暗黙の勝手な決めつけである。

このような決めつけに対して感じる、筆者のような飲めない人の「気づき／違和感（ア）」が「別に、自分が付き合いたくて、付き合っているんだけどなぁ……」です（あくまで筆者個人の意見として）。

STEP1で感じた「気づき／違和感」は、どんな「常識／定説」に対してあなたが抱いた「気づき／違和感」なのかをまず自覚するのが、インサイトを見つけるために大切な作業です。

この段階での「常識／定説」は、大雑把でざっくりとした言葉でも大丈夫です。その後のステップでの深掘りで精緻化を図れるからです。やや大袈裟であったり、不正確であったりしても、まずは「常識／定説」の大まかな輪郭をつかむことが大切です。

逆に、この段階で精緻な言葉にこだわりすぎてしまうと、「気づき／違和感（裏）」に対する「常識／定説（表）」という対比的な構造が見えにくくなってしまうことがあります。大きな視点で〃表側〃と〃裏側〃をまずは把握する、という視点を大事にしてください。

残りの2つの「気づき／違和感」（イ）（ウ）についても同様に見ていきましょう。

【気づき／違和感（イ）】

お酒が飲めない人のための飲み物は「ソフトドリンク」として、いつも当然のように「その他」や「オマケ」のようにメニュー表の最後に数個だけしかないことへの違和感。

⬆（「気づき／違和感」から逆算）

【「常識／定説」（イ）】

お酒を飲める人のほうが、飲めない人よりも圧倒的に多い選択肢があることから、マジョリティ的立場。だから、お酒が飲めない人は、選択肢がかなり限られたいわばマイノリティ的扱いを受けているとも言える。さらに、それが現状の〝当たり前〟であるのでお店側は飲めない人の気持ちをあまり考慮できていないことに無自覚なのかもしれない。むしろ、**「飲めない人は、そこまで飲み物に興味がないのかも」**とさえ思われている「常識／定説」があるのかもしれない。

メニュー表などに代表されるこのような現場や状況に対しての、飲めない人の「気づき／違和感」(イ)が、「飲める人はたくさん選択肢があっていいなあ」です。

【気づき／違和感(ウ)】

そもそも「ソフトドリンク」というのは、大人が飲むにはあまりに子ども染みた名称ではないか。これでは、お酒が飲めない人＝お子さま、と扱われている感じがする。

⬅(「気づき／違和感」から逆算)

【常識／定説(ウ)】

別に悪気があるわけではないが、**今まで、お店側には、お酒を飲めない人の気持ちを考えるきっかけや機会もほとんどなかった**ので、飲めない人向けのドリンクの数や名称、その印象など、気にしたこともなかった。

このようなことに対する飲めない人の「気づき／違和感」(ウ)が、「なんか、バカにされてる!? さすがに考えすぎか……」です。

上記の3つの「気づき／違和感」から推測できる「常識／定説」は次のようになります。

「常識」（ア）：飲めない人は、みんなお酒の場に無理に合わせているんだよね。
「常識」（イ）：飲めない人は、飲み物にそんなに興味がないのかも。
「常識」（ウ）：お酒を飲めない人の気持ちを考えるきっかけや機会はほとんどないよね。

この（ア）（イ）（ウ）の3つの「常識／定説」は、確かに似たようなことを言っていますが、シンプルに、1つのフレーズにまとめると、どのような表現になるのでしょうか？

ここで、我々のチームで「飲めない人」に関していろいろと調べている中で、1つ大きな発見がありました。

それは「飲めない人の約3分の2は、飲み会やお酒の場がキライだと思っている」という調査データです。

第2章（114ページ）で、世の中の〝過半数〟がそう思っていることが、インサイト探索における「常識／定説」かどうかの判断基準だと述べました。

このデータを参考にすると、今回の「飲めない人」に関する、〝表側〟の「常識／定説」は、先

図3－3　「お酒を飲めない人」の中で飲み会がキライな人の割合

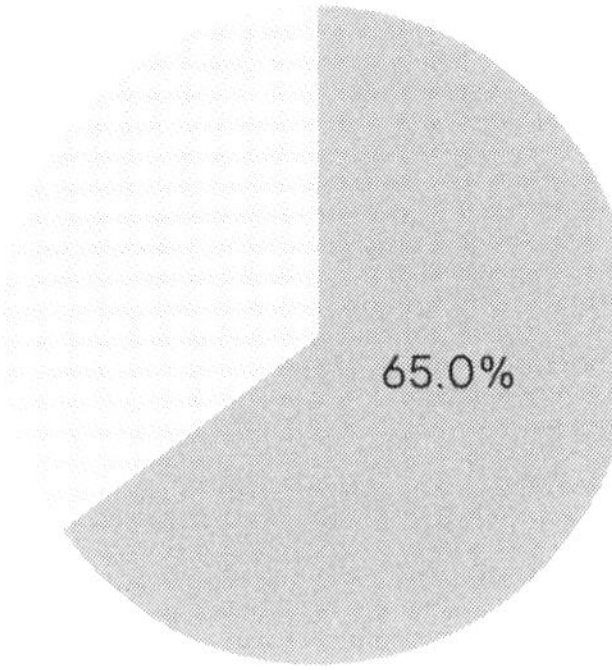

出典：『日経クロストレンド』による調査（2021年4月実施。20代から60代まで各世代とも、男女各100人計1,000人のサンプルを対象）をもとに筆者が集計

ほどの「常識／定説」（ア）（イ）（ウ）をまとめてみると、**「飲めない人は、飲み会がキライである」**というように、シンプルなフレーズで言い換えられます。

そうすると、「出世魚モデル」では、次ページ図3－4のように表現できます。

最初に筆者佐藤が個人的に感じていた「モヤモヤ」の正体は「飲めない人って、飲める人からなんか決めつけられてない？（お酒の場はキライじゃないんだけど）」ということでした。それは、先ほどのデータで見た「飲めない人は、飲み会がキライ」という「常識／定説」に対する違和感だということもわかりました。

ここから、最初に感じた「違和感」は、〝表側〟に見えている「常識／定説」の中に含まれ

図3−4　どんな常識に対するモヤモヤだったのか?

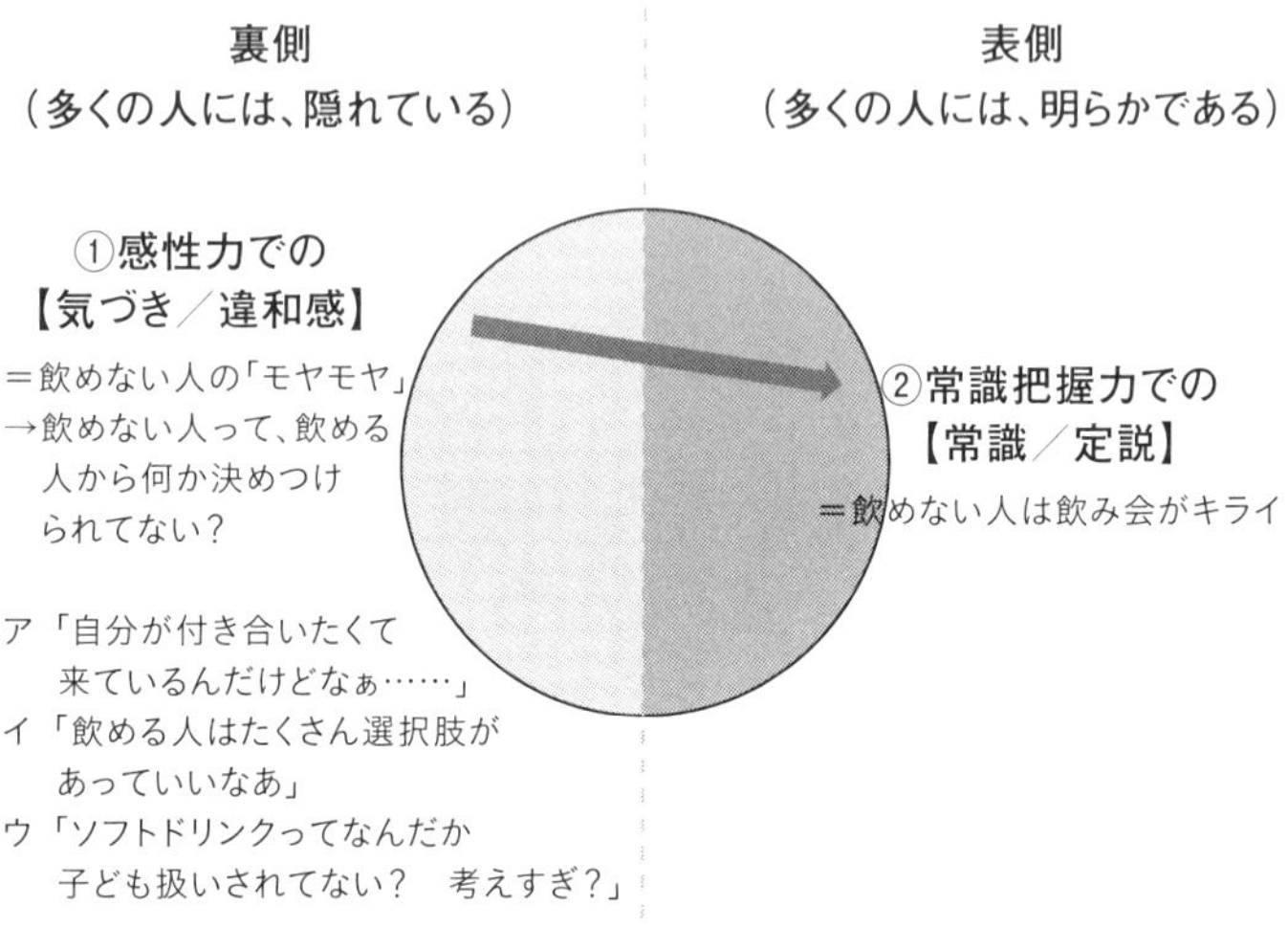
裏側
（多くの人には、隠れている）
表側
（多くの人には、明らかである）
①感性力での
【気づき／違和感】
＝飲めない人の「モヤモヤ」
→飲めない人って、飲める
人から何か決めつけ
られてない？
ア「自分が付き合いたくて
来ているんだけどなぁ……」
イ「飲める人はたくさん選択肢が
あっていいなあ」
ウ「ソフトドリンクってなんだか
子ども扱いされてない？　考えすぎ？」
②常識把握力での
【常識／定説】
＝飲めない人は飲み会がキライ

るものではないことが確認できました。

どうやら、ちゃんとインサイトに成長していきそうです。

「出世魚モデル」の使い方
STEP3

常識の裏には、どんなホンネが隠れているのか

――「飲めない人は飲み会がキライ」は本当にそうなのか？

「対話」によって、一歩ずつ「隠れたホンネ」へと近づく

次に、STEP2で少し解像度が上がった「気づき／違和感」と「常識／定説」を、「疑問／問い」へと成長させてみます。

第2章（130ページ）から、「疑問／問い」を立てるコツは次の4つです。

○誰もが疑わなかった「常識／定説」に自分の感覚で「疑問／問い」を持つ
○まずは「すべてを一旦疑ってみること」から始める
○「見送っていい常識」と「疑うべき常識」を見極める

○リフレーミングの「問い」を活用して、自分はどんな「常識／定説」に対して、どんな問題提起をしているのか、どんな「疑問／問い」を持つべきなのか、視点を広げる

ここで、いきなり「疑問／問い」を持てと言われても、自分だけでは、ひとりよがりの考えになっている可能性もありますし、本来なら広がるあなたの考えが小さくまとまってしまう可能性もあります。

このようなときに、良い方法があります。あなたがここまでのステップで気づいたり発見したことを材料（提示資料）にして、改めて「飲めない人」や「飲める人」に〝客観的な意見〟をもらってみましょう。

先にも述べました通り、いきなり一足飛びに「インサイト」を目指さずに、一旦、あなたのプロジェクトのチームメンバーや、知人など身近に関係する人たちから客観的な意見をもらって対話をすることで、「疑問／問い」が立てやすくなり、インサイトへと近づけます。

ここでは、スマドリバーに関する対話の時に出てきた意見を掲載します。

・「お酒を飲めない人」の意見

「お酒を強要する人や、酒癖が悪い人には確かに抵抗はあるが、お酒を飲もうと飲まなかろうと一緒に楽しめれば本当は嬉しい。なんか、飲める人は、お酒の飲めない人に対して色々と勝手に決めつけている気がする……」

「いつも『ソフトドリンク』というように選択肢が限られているから、そこから仕方なく選んでいるが、別にそこで満足しているわけではない。お酒を飲める人のメニューのようにもっとたくさんの選択肢があれば、飲めない人だって本当は嬉しいのに……」

「確かにお酒は飲めないが、お酒に興味がまったくないわけではない（まったくお酒に興味ない人も大勢いるとは思うが）。体質的にお酒の量をたくさんは飲めないだけで、お酒の味や香りは好きだったりもするし、本当はお酒特有の文化や大人の嗜《たしな》み的な世界に少し憧れだってあったりする……」

・「お酒を飲める人」の意見

「飲めない人がそんなことを思っているとはまったく思いもよらなかった。そもそも、お酒がキライだとか、まったく興味がないと思っていた。だから、むしろいつもお酒の場で我慢させて悪いな、とか、多く払わせてしまって申し訳ないな、と思っていた」

「今まで考えもしなかったが、確かに言われてみれば、飲食店は自分たちのようにお酒が飲める人だけに偏ったメニューやサービスなのかもしれない……」

「別にお酒が飲めなくたって、お酒の飲めない人とも一緒に楽しめたらいいなと思っているし、そういう意味では根本的には、飲める人である自分たちも、飲めない人も気持ちは同じだったんだ、と思う」

以上のように、最初の「気づき／違和感」と「常識／定説」を材料に、客観的な意見をもらって対話を重ねていくと、「常識／定説」が、さらに具体化されて解像度が上がっていきます。

STEP2の最後に見つけた「常識／定説」と併せて、次のように改めて整理できます。

【常識／定説】（＝〝表側〟の明らかなこと）

・飲めない人は、飲み会がキライ（と、飲める人にも思われている）

↓キライであるがゆえに、飲めない人はあまり飲食店に積極的には「来ないお客様」と思われている。だから、飲食店はマジョリティ的立場である、お酒を飲める人を中心に対応し、お酒を飲めない人の気持ちや飲めない人向けのメニューを、別に悪気があるわけでもなく、今までほとんど考えてこなかった。

先ほど、「飲めない人」の飲み会に関する調査結果として、約3分の2が「飲み会がキライ」と実際に回答していました。それに加えて、「飲める人」にも「飲めない人は飲み会についてどう思っていると思うか」を客観的に聞いてみたことで、「飲める人」もほぼ同様に「飲めない人は飲み会がキライなのではないか？」と考えていることがわかりました。より正確には、「飲める人」が「飲めない人」のことを考えるきっかけ自体が、今までの社会にあまりなかったとも言えるかもしれません。

誰もが疑わなかった「常識／定説」に自分の感覚で「疑問／問い」を持つ

さて、ここで「疑問／問い」を立てるための問題提起をしてみましょう。第2章133ページで述べたように、一番シンプルな方法としては「常識／定説」に対して「本当にそうなのか？」「そうとも言い切れないのではないか？」といったストレートな疑問を投げかけるということでも、まずは大丈夫です。

【疑問／問い】（＝〝裏側〟に隠れていること）

・飲めない人は、飲み会そのものが本当にキライ、というわけではないのではないか？

↓もしそうでないとしたら、飲食店は、お酒を飲める人中心になり過ぎており、お酒が飲めない人のことをもう少し考えたメニューやサービスなどの対応をしてもよいのではないか？

このようにまとめてみると、「飲めない人は、飲み会がキライ」という「定説」に対して「飲み会そのものが本当にキライ、というわけではないのではないか？」という問題提起、すなわち「問い」が浮かび上がってきます。出世魚モデルで表すと次ページ図3－5のようになります。

繰り返しになりますが、ここでのポイントは「常識／定説」が〝表側〟の明らかなことであり、「疑問／問い」が〝裏側〟に隠れていること、という対比構造です。インサイトとは「人を動かす〝隠れたホンネ〟」ですから、まずは何が〝表側の〟明らかなことなのか？を改めて認識することから始め、その上で、何が〝裏側〟に隠れていることなのか？を探る、という順序で考えます。

この何を「常識／定説」として、問題提起をするのかは、インサイト探索において非常に重要です。なぜならば、何を「常識／定説」として、それに対してどんな「疑問／問い」を設定するのかによって、導かれる答えや、その先のインサイトが大きく変わっていくからです。すなわち、物事を見る〝角度〟や〝方向性〟が、ここでの「常識／定説」や「疑問／問い」の設定で大きく決まってしまうのです。

図3−5　「飲み会がキライ」という定説に対し問題提起を考える

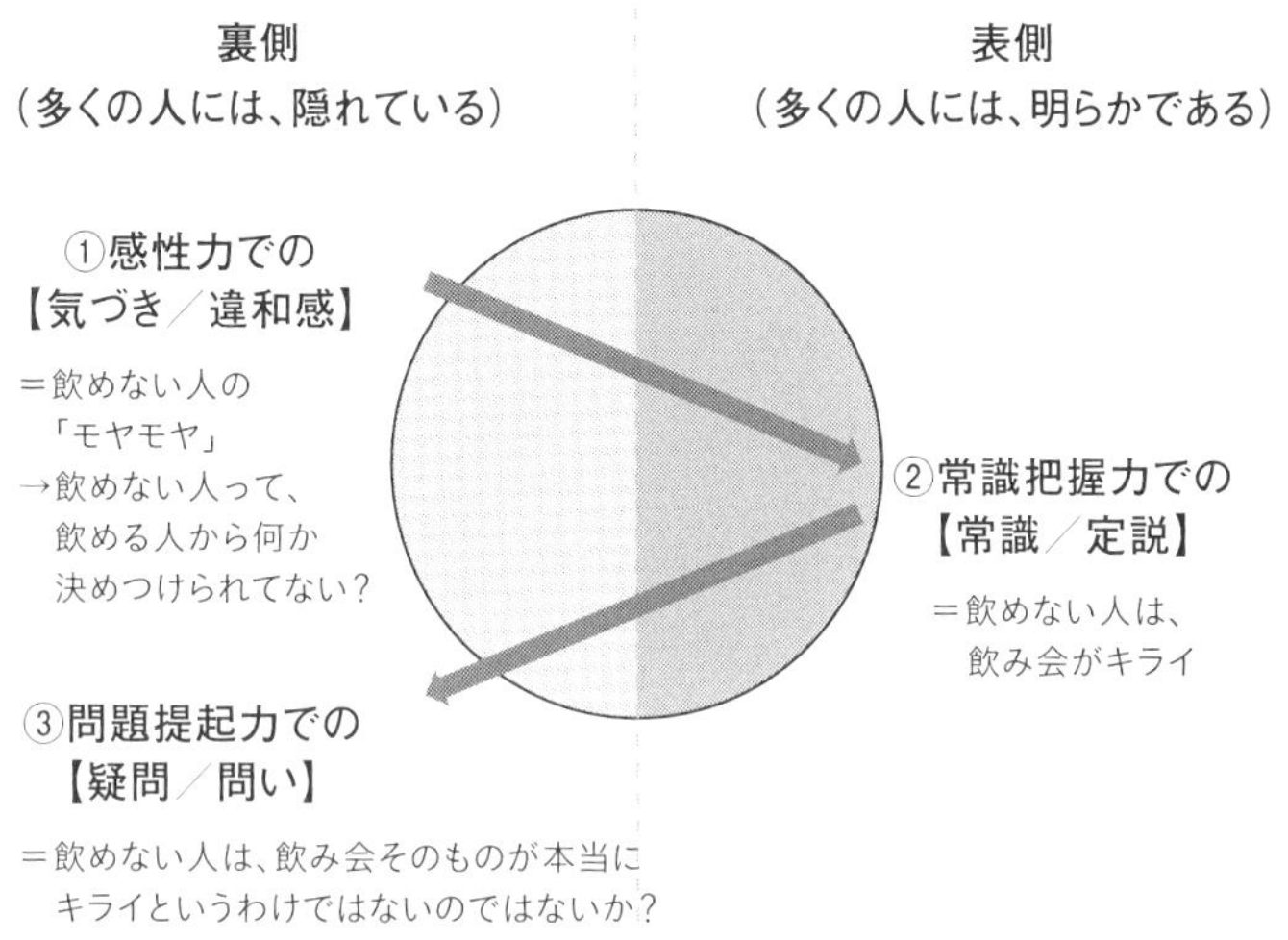
裏側
（多くの人には、隠れている）
表側
（多くの人には、明らかである）
①感性力での
【気づき／違和感】
＝飲めない人の
「モヤモヤ」
→飲めない人って、
飲める人から何か
決めつけられてない？
②常識把握力での
【常識／定説】
＝飲めない人は、
飲み会がキライ
③問題提起力での
【疑問／問い】
＝飲めない人は、飲み会そのものが本当に
キライというわけではないのではないか？

この次に、STEP4の「言語化」があるのですが、その前に改めて、先ほどのポイントにあった「すべてを一旦、疑ってみる」「『見送っていい常識』と『疑うべき常識』を見極める」という視点で、「飲めない人は、飲み会がキライ、というわけではないのではないか？」という「疑問／問い」への考察を進めてみましょう。

すべてを一旦、疑ってみて、「見送っていい常識」と「疑うべき常識」を見極める

先ほど、「飲めない人の約3分の2が、飲み会がキライ」という調査結果がありましたが、このデータと「飲めない人は、飲み会そ

のものが本当にキライ、というわけではないのではないか？」という「疑問／問い」は、つじつまが合わないのではないか？とも思えるかもしれません。ここに関して、調査結果を疑ってみると、次のような3つの考え方(A)(B)(C)もあり得ます。

(A) 飲めない人の約3分の2は、確かに「飲み会がキライ」と回答しているが、残りの3分の1は「飲み会が好き」と回答している。すなわち、「疑問／問い」をより正確に捉え直すと、「飲めない人は、**必ずしも全員**が飲み会がキライというわけではないのでは？」とも解釈できる。

(B)「飲み会やお酒の場」というのは、さらに具体的にはどのような会や場なのか？　飲めない人が、**どのような飲み会やお酒の場を想定しているか**によって、「好き」や「キライ」といった回答が、異なってくる可能性もあるのではないか？

(C)「飲み会やお酒の場が好きかキライか？」と尋ねられれば、「好き」か「キライ」のどちらかで回答するが、飲めない人にはさらに繊細な、「好き」や「キライ」というような言葉だけでは言い表せない、**本人でも気づけないような隠れた気持ち**があるのではないか？

このように考え進めていくと、「飲めない人は、飲み会そのものが本当にキライ、というわけではないのではないか？」という「疑問／問い」は、さらに探ってみる必要がありそうです。

リフレーミングで掘り下げる

このとき、先ほどの「リフレーミング」の方法を使って考えてみることで、「疑問／問い」を掘り下げていくこともできます。

○全体の問い：部分より全体で解決するなら？
↓お酒の「飲める／飲めない」や「好き／キライ」を部分とするなら「全体」は？

○主観の問い：あなただけの偏愛やこだわりは？
↓自分は「お酒が飲めない」けれど、それでもお酒の場がキライなわけではない

○理想の問い：目指すべき理想の変化は？
↓「お酒が飲めない」体質は変えられないけれど、それでも良い方法はないか？

○動詞の問い：その行動を再発明するとしたら？

↓みんなが「同じお酒／お酒だけで」で乾杯する、という行動を変えられないか？

○破壊の問い：破壊すべき退屈な常識は？

↓「飲めない人は飲み会がキライ」と飲める人から勝手に決めつけられること

○目的の問い：それを手段にしたら目的は何？

↓「お酒が飲める／飲めない」の先にある目的は？　仲良くなること？

○利他の問い：それで社会はどうよくなるの？

↓お酒が飲めようと、飲めなかろうと、どちらでも楽しめる社会がよいのでは？

○自由の問い：まだ書かれていない価値ある問いは？

↓お酒を飲むことやお酒の場で過ごすことが、どうなればより価値あるものになるのか？

このように掘り下げていくことで、「飲み会そのものが本当にキライというわけではないのではないか?」ということは、果たしてどういうことなのか?が少しずつ見えてきます。

すなわち、「飲める/飲めない」や「好き/キライ」を超えて、より大きな目的や価値のある飲み方や社会の姿が、おぼろげながら見えてくるのではないでしょうか。

このようにして、「お酒が飲めない人も、飲める人も一緒に楽しく過ごせる場はどんな場か?」「飲めても飲めなくても、価値のある場とはどんな場か?」など、いろいろな視点で「疑問/問い」を立てることで見えてきたこれらの曖昧な感覚を、〝精緻に言語化〟していけば、インサイトへと成長させることができるでしょう。

次に、STEP4の言語化力による「仮説/推論」のプロセスを見ていくことにします。

「出世魚モデル」の使い方

STEP4

隠れたホンネを、自分の納得いく言葉にする

――最後にたどり着いた「飲めない人」の隠れたホンネとは？

STEP3で、「疑問／問い」を立てられたら、インサイトまではもう一息です。次はこれを、誰にでも明快に伝わるように、より精緻で的確な表現／フレーズ＝「仮説／推論」へと言語化していきます。

STEP2の「常識／定説」とSTEP3の「疑問／問い」は次のようなものです。

【常識／定説】（＝〝表側〟の明らかなこと）

・飲めない人は、飲み会がキライ（と、飲める人にも思われている）

【疑問／問い】（＝〝裏側〟に隠れていること）

・飲めない人は、飲み会そのものが本当にキライ、というわけではないのではないか？

第2章（142ページ）から、「ピタッ」とハマる言葉選びで「仮説／推論」を言語化するコツは次の5つです。

○「対比表現」で、反対の言葉を使ってモヤモヤの輪郭を明確にする
○「強い感情を表す言葉」と「思わずホンネが露見する言葉」を意識する
○「類義語」を探すことで、似ているようで違う曖昧な感情を明確にする
○「ザックリとした言葉」で、絶対に満足しない
○「対話」の力で、自分やみんなの感覚にピタッとハマる言葉を見つける

このSTEP4で、もう少し精緻化したい曖昧な言葉は、STEP3の「疑問／問い」の中で出てきている**「キライ、というわけではないのではないか？」**という箇所です。

「キライ、というわけではない」のであれば、一体何なのでしょう？　このままでは、聞き手に伝わり切らないでしょう。例えば、誰かのことを「別にキライというわけではない」と言ったときに、その感情は「キライでもないし、好きでもない」なのか「むしろ好き」なのか、はたまた「好きやキライという言葉では表せない特別な気持ち」なのか？　多様に受け取ることができます。

「キライ、というわけではない」を、さらに精緻な言葉にすると、果たしてどんな気持ちを表す言葉になるのでしょうか?

「対比表現」で、反対の言葉を使ってモヤモヤの輪郭を明確にする

まず、第2章(149ページ)で述べた「対比表現」で、精緻な言語化について考えていきましょう。

先述したように、「疑問/問い」を、より明確に認識したり、表現したり、伝えたりするために、その「反対の言葉」は何なのか?を強く意識するということです。

それでは、先ほどの「気づき/違和感」や「常識/定説」に対して、第三者との対話の中で出てきた客観的な意見をもとに、「飲めない人」と「飲める人」との違いを、下記にあえて大雑把に対比して整理してみます。

	お酒が「飲めない人」		**お酒が「飲める人」**
○飲み会の好き嫌い:	飲み会キライ	↕	飲み会好き
○居酒屋での立場:	マイノリティ的扱い	↕	マジョリティ的立場

○お店から見たら　　：その他の人々　　↕　メイン顧客
○よく飲むもの　　　：ソフトドリンク　↕　ビール、ワイン、日本酒 など
○嗜好の特徴　　　　：嗜好性が狭い？　↕　嗜好が多様
○飲み会での気持ち：付き合わされている？　↕　付き合わせている
○支払いのスタンス：少なく払えばいい？　↕　多く払ったほうがいい

このように対比的な一覧として改めて整理して見てみると、「飲めない人」の特徴が、よりクッキリと見えてきます。「飲める人」は、世の中での立場が強くてお酒を楽しんでいそうで、飲まない人たちを無意識に「飲み会がキライ」と決めつけているようにも見えなくはありません。一方で、「飲めない人」は、「飲める人」と比べると、世の中での立場が弱そうで、なんだか窮屈で、飲める人から一方的に誤解されている、というような構造が立体的に見えてきます。「飲めない人は、飲み会がキライ」というように、単純に捉えて淡泊に表現するよりも、はるかに解像度が上がった状況が浮かび上がってきます。

以上のように「対比表現」で考えると、「飲めない人は、飲み会そのものが本当にキライ、というわけではない」ということが、どのようなことなのか、少しはっきりしてくるのではないでしょうか。

「強い感情を表す言葉」と「思わずホンネが露見する言葉」を意識する

「飲めない人は、飲み会がキライというわけではない」を、より精緻に表現するために、次に「感情に関する言葉」に着目していきます。意識したい「感情に関する言葉」として、2点ありました（第2章153ページ）。

①強い感情を表す言葉に着目する
②思わずホンネが露見する言葉に着目する

①の「強い感情を表す言葉」は、「好き」や「嫌い」というような、ポジティブ、もしくはネガティブに端的に気持ちを表す言葉です。もし対話の中でそうした言葉が出てきていれば、思い出してみてください。また、そういった言葉は使っていなくとも、婉曲的（遠回し）にでも強い感情が表れていると感じられるフレーズがなかったか、確認してみください。

②の「思わずホンネが露見する言葉」は、「本当は」「実は」「正直に言うと」といった言葉が手掛かりです。対話の中で、隠れていた気持ちやホンネが、〝思わず〟ポン！と出てくることがあります。そのときの言葉に着目しましょう。

ここで、先ほどの対話の中から「飲まない人はどう思っているのか?」の一端がわかる感情に関する言葉を改めて列挙してみましょう。

○ポジティブな感情に関する言葉

「本当は嬉しい」「憧れる」「一緒に楽しみたい」など

○ネガティブな感情に関する言葉

「キライ」「苦痛」「満足しているわけではない」「勝手に決めつけている」など

これらの「感情」に関する言葉の中で、一番注目すべき単語は、**「本当は嬉しい」**という言葉です。

「嬉しい」は、1つ目の着目ポイント「強い感情を表す言葉」にあたりますし、「本当は」は、2つ目の着目ポイント「思わずホンネが露見する言葉」になっています。まさに、本人が意図せずに「隠れたホンネ」に近いことを言語化しているということがわかります。

もう少しその周辺の言葉まで見てみましょう。

このとき、「一緒に楽しめたら、本当は嬉しい」「選択肢が多かったら、本当は嬉しい」というように使われています。つまり、飲めない人の「キライなわけではない」というのは、もしかして、飲める人に対しての「羨望」「嫉妬」「うらやましい」というような感情だと言える面もあるのではないでしょうか。このようなことをチームの中で話し合っているときに、「飲めない人」であるチームメンバーの1人が、ふと次のようなことをつぶやきました

「なんか、そういえば、飲める人ばっかり楽しんで〝ずるい！〟って思うんですよね」

チームメンバーから、この一言が発せられたときに、チーム全員が〝まさにそれだ!!!〟というようにハッとさせられました。ここで、第1章での「機能するインサイトの『5つの条件』」を思い出してみましょう。

①聞き手の内面に気づかせ、ハッとさせる新たな発見や驚きがあるか？（Surprise）
②人の発想を拡げるインスピレーションを感じさせるか？（Inspiration）
③自分が心から腑に落ちているか？（Commitment）
④1行で言い表せて、誰もが理解できる明確な言葉にできているか？（Wording）

⑤人間らしさ・人間の本質があるか？（Essential）

「飲める人ばかり楽しんで〝ずるい！〟」は、上記の5つの条件をすべて満たしています。飲めない人の視点から聞き手をハッとさせ、発想を拡げ、人間らしさ（＝羨望、嫉妬）が含まれており、心から腑に落ち、そして誰にでも理解できる明確な言葉（＝ずるい）で、まさに、飲めない人を動かすという視点において、インサイトとなり得る精緻に言語化された「仮説／推論」と言えるものです。

特に、「羨望」「嫉妬」「うらやましい」といった感情を、「ずるい！」という誰もが肌感覚でわかる日常的な言葉で、シンプルかつ精緻に言語化できた点が重要でした。飲めない人たちが、なんとなく普段の暮らしで感じていた「気づき／違和感」が、じつは飲める人たちに対して「ずるい！」と強く感じるという、心の底からの「魂の叫び」だったのです。つまり、「飲める人ばかり楽しんで、ずるい！」という「隠れたホンネ」を自覚することができたのです。筆者佐藤自身も、飲めない人ではありますが、普段のお酒の場で今まで抱いていた様々な違和感は、この飲める人に対して密かに感じていた「ずるい！」という気持ちだったのだと、改めて気づかされ、個人的にも心から腑に落ちました。

図3−6　言語化力で仮説を立てる

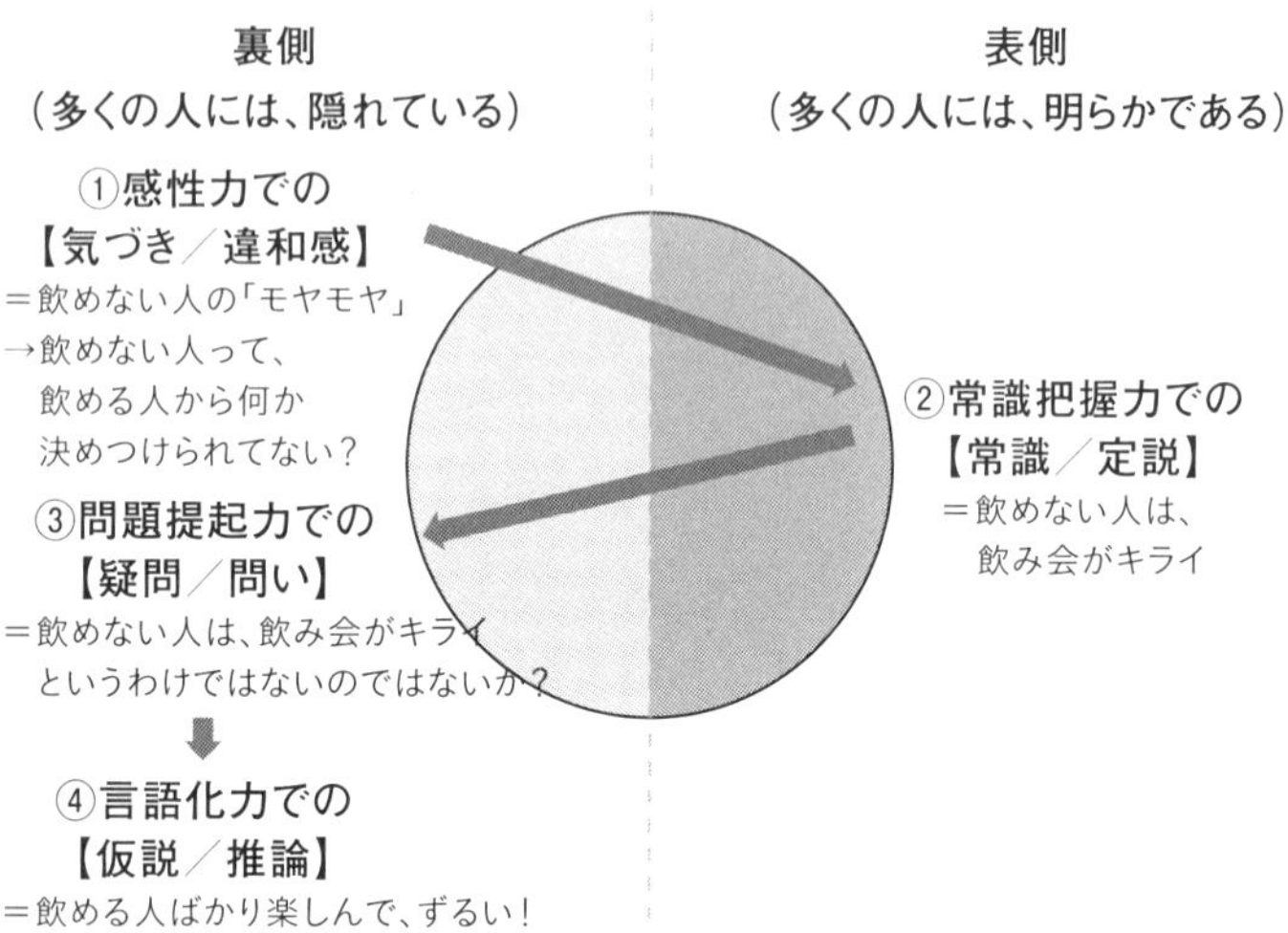
裏側
（多くの人には、隠れている）
表側
（多くの人には、明らかである）
①感性力での
【気づき／違和感】
＝飲めない人の「モヤモヤ」
→飲めない人って、
飲める人から何か
決めつけられてない？
②常識把握力での
【常識／定説】
＝飲めない人は、
飲み会がキライ
③問題提起力での
【疑問／問い】
＝飲めない人は、飲み会がキライ
というわけではないのではないか？
④言語化力での
【仮説／推論】
＝飲める人ばかり楽しんで、ずるい！

「類義語」を探すことで、似ているようで違う曖昧な感情を明確にする

ここでの重要なポイントは、「羨望」「嫉妬」「うらやましい」「憧れ」といった〝似ているようで違う〟言葉の中から、「ずるい」という最も近い感覚の言葉にどのようにたどり着いたかです。

このときは、チームメンバーが発した「ふとした一言」ということでしたが、やはり、言葉選びをするときに一番有効な方法は「対話」です。その理由は、先ほども説明しましたが「自分の中の言葉」には意外と限界があるからです。

しかし、いつも誰かと話せるわけではありません。類義語を見つけるために、「対話」以外によくある方法としては、「類義語を調べる」という方法もあります。誰かと話せないときは、「羨望」「嫉妬」「うらやましい」「憧れ」というような言葉の類義語を、辞書で調べたりインターネットで検索したりしてみましょう。

AIは、曖昧な感情を言語化できるか？

最近だったら生成AIに尋ねてみる方法もあります。筆者が試したところ、次のような回答が得られました。

Q：「羨望」「うらやましい」「嫉妬」に近い言葉を30個挙げてみてください。

A：以下に羨望、うらやましい、嫉妬などに近い意味の言葉をいくつか挙げてみます。
1恨み 2妬み 3嫌味 4憎しみ 5疎ましさ 6不快感 7嫌悪感 8敵意 9悪意 10反感 11憎む 12厭う 13逆恨み 14妬む 15妬ける 16対抗心 17競争心 18怨恨 19妬心 20嫉心 21嫌悪 22軋轢 23尊大感 24優越感 25蔑む 26侮蔑 27軽蔑 28ねたみ嫉み 29憧れの裏返し
以上が、羨望、うらやましい、嫉妬等に近い意味を持つ言葉です。

この生成ＡＩの結果は、非常に参考になりますし、誰にでもできることでもあるので、最低限試してみたほうがいいのですが、この中にやはり「ずるい」という言葉は出てきません。

つまり、**「羨望」「うらやましい」「嫉妬」という言葉と「ずるい」という言葉は、似ているようで違う、少しだけズレている、**いわば〝隠れた〟隣のカテゴリーにある言葉なのです。この適切な〝ズレ感〟が非常に重要なのですが、今の段階ではまだＡＩの力を借りて見つけるのは難しそうです（ＡＩの進歩で将来的には可能になるかもしれませんが）。

ここに、人との「対話」の意味があるのです。人との対話というのは、良くも悪くも必ずしも論理的ではなく、意識的にも無意識的にも「わずかにズレて」います。このわずかの〝ズレ感〟の中にこそ「まさにソレ！」と全員が腑に落ちるような言葉が〝隠れている〟ことが多いのです。

ここで、「キライ」と「ずるい」を考えてみましょう。

「キライ」と「ずるい」は、似ている言葉ではありますが、その共通性と違いを図示すると次ページ図３－７のようになります。共通性としては、どちらも基本的には「相手に対するネガティブな気持ち」を意味する点です。そして、例えば「キライ」だけにある意味の１つは「今後、相手にかかわりたくない」という気持ちです。一方で、「ずるい」は、ネガティブなニュアンス

図3−7　「キライ」と「ずるい」の違いを考える

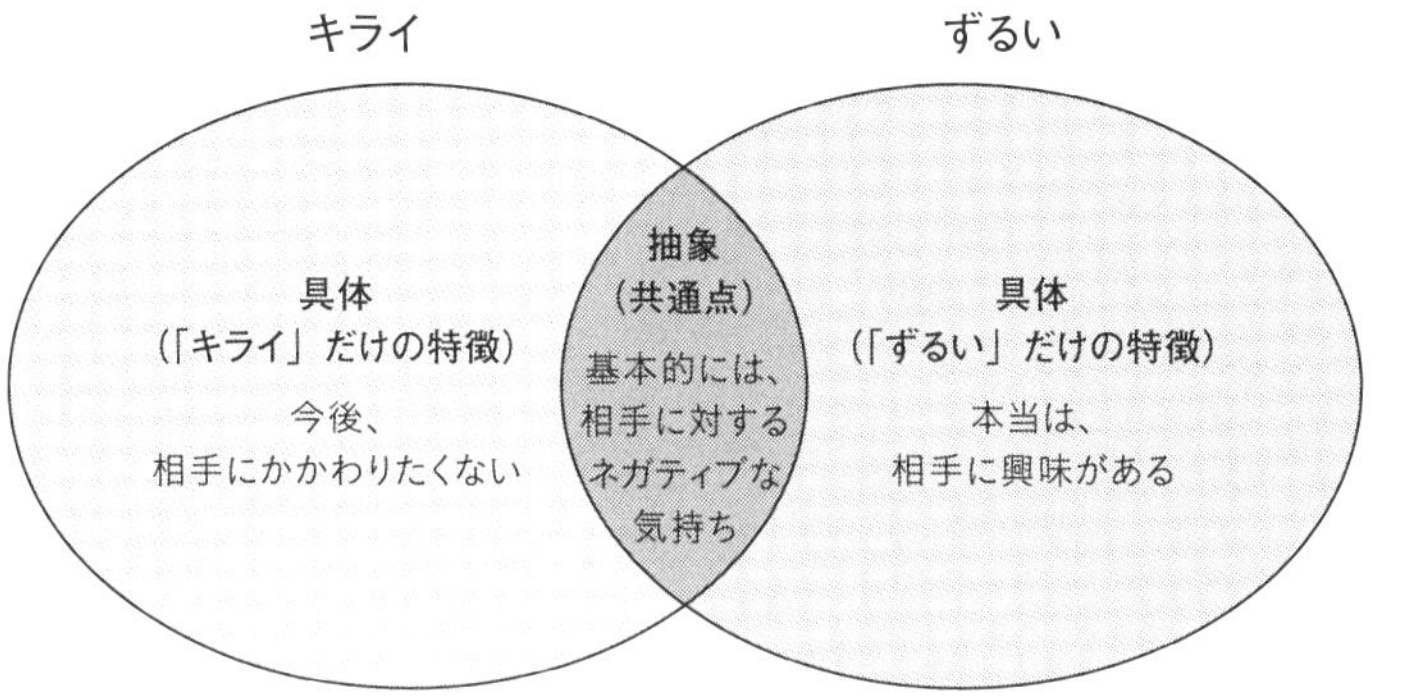

を持ちつつも、本当は相手のようになりたい、「相手が持っているものがほしい、など、「相手への興味」があることがわかります。「ネガティブな気持ち」ではあるのですが、「キライ」とは違って「本当は相手に興味がある」のです。このように「ずるい」という言葉には、「キライ」という言葉との「わずかなズレ」が発生しています。

一方で、AIを使って辞書的に調べてみた類義語は、具体と抽象の関係性で表すと、ほぼすべてが次ページ図3−8の関係性になります。

この図を見てわかる通り、AIで辞書的に調べた言葉は、ほぼすべてが「キライ」の中に含まれてしまう関係性になってしまいます。つまり、「わずかなズレ」がほぼ発生していないのです。そもそも、より自分の感覚に

図3−8　生成AIに「キライ」を考えてもらうと

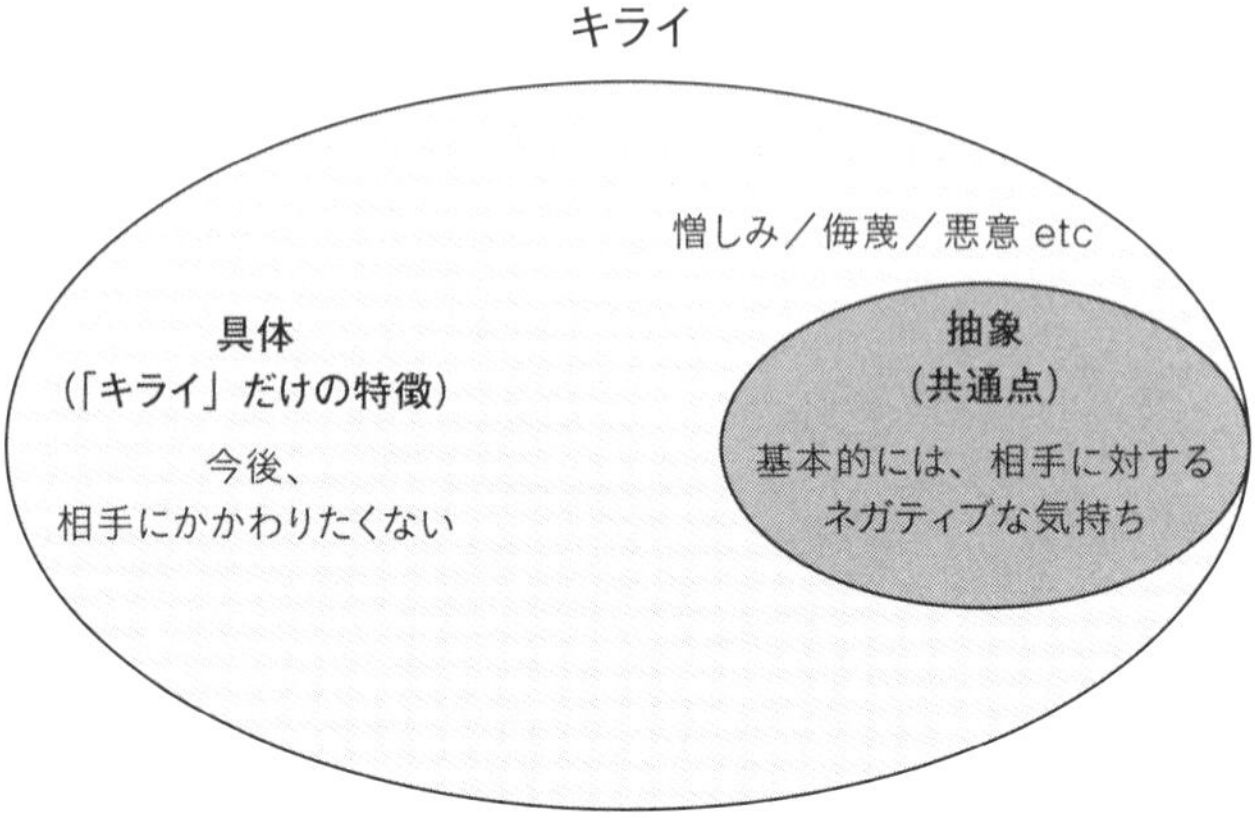

「ピタッ」とハマるように精緻な言葉を探し当てないといけないのにもかかわらず、「わずかなズレ」が発生していなければ、精緻に言語化できたとは言いがたい状況になってしまいます。このような事態に陥らないために「対話」などを積極的に活用して、「似ているようで違う曖昧な感情」を精緻に言語化してみてください。

「自分の言葉」に固執しすぎない

言語化のプロセスにおいては「自分の言葉」には、固執しすぎないほうがよいでしょう。実際、自分の中にある言葉のストックだけで精緻にインサイトを言語化しようとしても、なかなか難しいものです。まさに「インサイト」だと思えるような、聞き手全員がハッとする適切な言葉は、前述のように自分以外の人や、自分の知識を超えた文献などの中に見つかることが多いのです。

そして、ここで改めて大切なのは、何度も言いますが、やはり「対話」なのです。実際のターゲットに直接聞いてみることはもちろん、インサイトを見つけようとしているチームメンバー、友人や家族との何気ない雑談や相談、さらには関連する文献やSNS上のコメントをチェックするなど、自分の外にいる人々の言葉を借りながら、より精緻な言葉を探っていく行為は、すべて広い意味での「対話」と言えるでしょう。

とにかく、あらゆる人との「対話」の中で、インサイトは育っていくということです。インサイト探索の出発点は、自分自身の実体験に基づくリアルな「気づき／違和感」です。そして、そこから得られた感情を、前述のようなアプローチで育てていくわけですが、途中で行き詰まったら、他者との対話を求めることが何よりもインサイト探索のステップを前進させます。

「出世魚モデル」の使い方

STEP 5

自分の言葉を、みんなに信じてもらう

――「飲める人ばかり楽しんでずるい！」を検証する

「仮説／推論」までできたら、あとは最後の仕上げです。チーム内で盛り上がった「仮説／推論」で終わらせずに、しっかりと確認、検証することで、「インサイト」としての確からしさを上げ、多くの人に伝え、説得していきます。単なる「思いつき」とは言わせずに、客観的な裏付けを持った「インサイト」として完成させるのです。

ただ、第2章で述べたように、このSTEP5は、必ずしも必要不可欠な作業ではありません。自分の見つけたインサイトだと思える「仮説／推論」を、社内や上司、クライアントなどに対して説得する必要があり、かつ、調査などの手法をとれる人は、これから説明するSTEP5にトライしてみてください。

さて、第2章（162ページ）から、「仮説／推論」を自分の「主観」からみんなに信じてもらえる「客観」に進化させるときのコツは次の3つです。

○約8割以上の共感度が得られる良いインサイトになっているか?を「定量調査」で確認する
○生活者の「隠れたホンネ」をさらに引き出す良いインサイトになっているか?を「定性調査」で確認する
○成功事例や感動したコンテンツなど、「事例や関連事象」を活用して確認する

右記のように、具体的には、定量調査、定性調査などを活用していくのですが、それぞれ見てみましょう。

まずは、シンプルに「飲める人ばかり楽しんで、ずるい!」というフレーズをそのまま定量調査にかけて〝共感度〟を聞いてみます。精緻に言語化されたインサイトであれば、狙いとするターゲット層において、約8割以上の共感が得られるでしょう。

続いて、共感できると回答した人に対して「飲める人ばかり楽しんで、ずるい!」というのは「具体的にはどのような状況のときの、どのような感情でしょうか?」と定性調査で尋ねると、次のような回答が得られました。

○飲める人はお酒がストレス解消になるが、飲めない人にはそれがない!

○飲める人の飲み物はメニュー表で10ページくらいあるときもあるのに、飲めない人の飲み物は最後のページの下のほうに3種類くらいしかない！
○ロックとかストレートとか水割りとか、自分も飲み方を好みで指定してみたい！
○おしゃれなバーとか行ってみたいし、行きつけのバーとかほしい！
○お酒の強い彼女にもっと付き合いたい！
○「とりあえず生でいい？」と言われて毎回、自分だけ烏龍茶を頼むのが気まずい……
○飲める人は〝酔っていて覚えてない〟とか都合の悪いことを誤魔化せるけど、飲めない人は、シラフで全部覚えているので傷つく…… など

優れたインサイトであれば、調査にかけても、このように驚くほどイキイキと、情景や感情が思い浮かぶような回答が得られます。逆に、「仮説／推論」の段階で言語化の精度がいまいちだと、共感度も高くはならないことが多く、イキイキとした定性コメントもほとんど出てきません。例えば、先のように「飲み会がキライなわけではない」というフレーズで共感度を測ってもおそらく高い数値は出ませんし、さらにはイキイキとした情景が思い浮かぶ定性コメントも得られにくいでしょう。

また、勘の良い人はお気づきかと思いますが、ここでの回答のいくつかが、本章の冒頭の『ス

マドリバー渋谷』での特徴的な顧客体験になっています。つまり、「飲める人ばかり楽しんで、ずるい！」というインサイトから「0%、0・5%、3%を中心に100種類以上の豊富なノンアルコール／ローアルコールドリンクメニュー」から選べるといったことや「今までとは逆の『飲めない人』が中心のメニュー表」といったサービスが開発されているのです。

右記のような調査を使った手法以外では、事例や関連事象を探すといったものがあります。今回の例であれば、「飲める人ばかり楽しんで、ずるい！」というインサイトに沿って企画・開発されたものと推測できる、商品やサービスの成功事例を探します。

例えば、ノンアルコールやローアルコール飲料でも、普通のアルコール飲料のように種類がたくさんあったり、ラベルがセンス良くデザインされていたり、お酒っぽい褐色の瓶でそのまま飲めるようになっていたり、などの先行事例や海外事例を探すのです。そうすることで、この「飲める人ばかり楽しんで、ずるい！」というインサイトが「人を動かす隠れたホンネ」であることを証明していくというわけです。

以上のような、定量データ、定性コメント、事例や関連事象などを組み合わせて、あなたの見つけた「仮説／推論」が、客観的な裏付けもある「インサイト」だと示すことができるようになります。必要に応じた検証にトライしてみてください。

#「気づき／違和感」という卵を孵化させて、稚魚から「インサイト」へと育てていく

以上の作業を冒頭での「出世魚モデル」の5ステップにまとめると次のようになります。

①**【気づき／違和感】**→②**【常識／定説】**→③**【疑問／問い】**→④**【仮説／推論】**→⑤**【確認／検証】**

①**【気づき／違和感】**

「飲めない人って、飲める人から、なんか決めつけられてない？」

②**【常識／定説】**

・飲めない人は、飲み会がキライ（と、飲める人にも思われている）

③【疑問／問い】（＝〝裏側〟に隠れていること）

・飲めない人は、飲み会そのものが本当にキライ、というわけではないのではないか？

④【仮説／推論】

インサイト

「飲める人ばかり楽しんで〝ずるい！〟」

⑤【確認／検証】

・定量データ

○インサイト「飲める人ばかり楽しんで、〝ずるい！〟」…約8割の賛同

・定性コメント

○飲める人はお酒がストレス解消になるが、飲めない人にはそれがない！

○飲める人の飲み物はメニュー表で10ページくらいあるときもあるのに、飲めない人の飲み物は最後のページの下のほうに3種類くらいしかない！

○ロックとかストレートとか水割りとか、自分も飲み方を好みで指定してみたい！　など

・**先行事例や関連事象**

〈海外のヒット・成功事例〉

○ノンアルコールやローアルコールドリンクも、普通のアルコール飲料のように種類がたくさんある

○ノンアルコールやローアルコールドリンクであっても、ラベルがセンス良くデザインされている

○お酒っぽい褐色の瓶でそのまま飲めるようになっている

このようにはじめは、自分一人の経験や体験に基づく些細な「気づき／違和感」であったものを、どのような「常識／定説」に対しての「気づき／違和感」であるのかを改めて認識したり、ターゲットやチームメンバーなどとの対話を重ねたりすることで「疑問／問い」にしていきます。そして、その「疑問／問い」を、さらに精緻な言葉にしていくことで、鮮やかで誰にでもわかる「仮説／推論」にし、さらに定量的・定性的など様々な客観的裏付けを持たせることで、確からしい「インサイト」へと育て、成長させてきました。

まさに、はじめはどのような成魚（＝【インサイト】）に成長するのかわからない卵のような小さなもの（＝【気づき／違和感】）が、孵化して稚魚（＝【疑問／問い】）になり、稚魚がだんだんと成長

図3-9　スマドリバーを「出世魚モデル」の思考の裏表で考える(図3-6再掲)

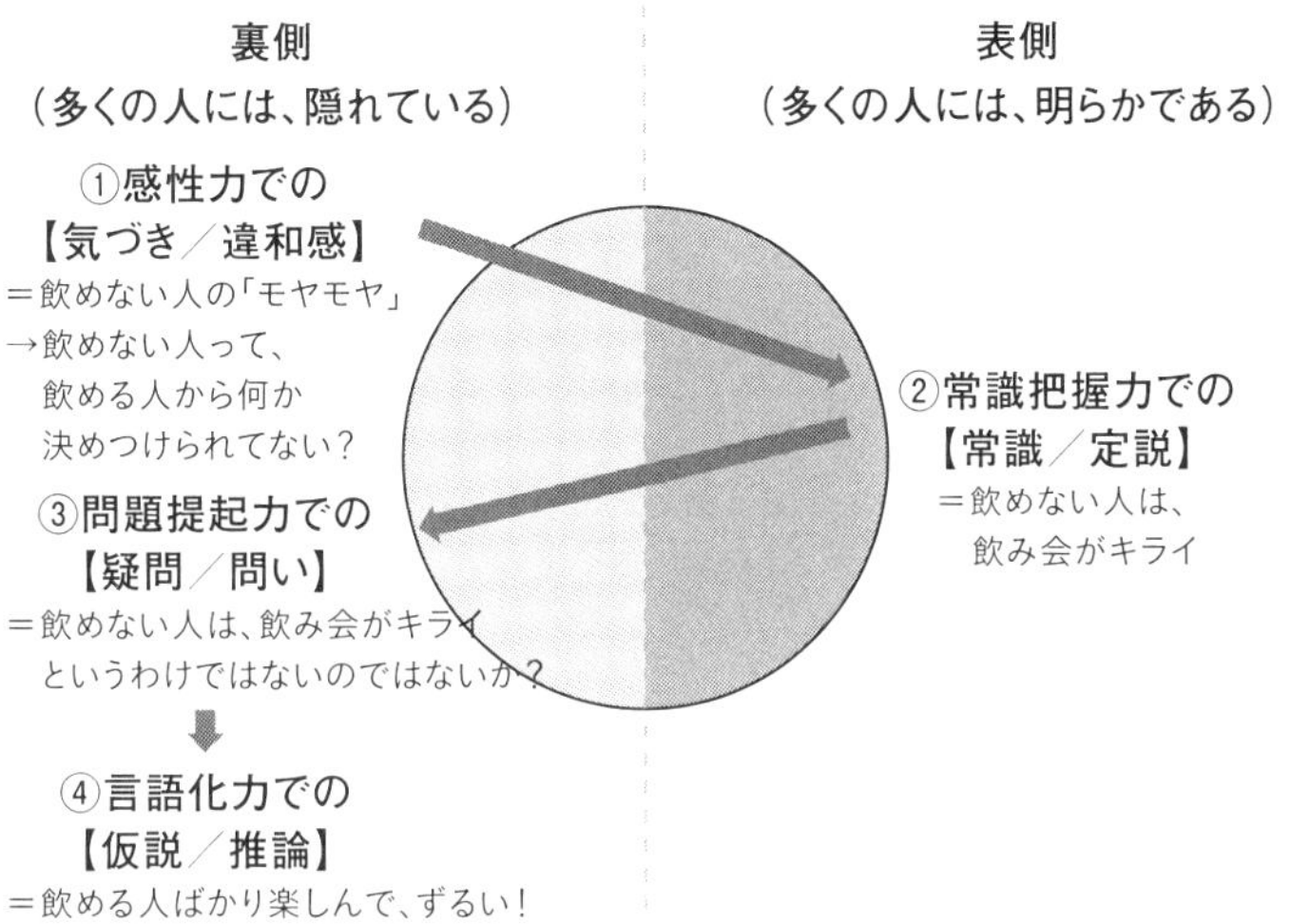
裏側
(多くの人には、隠れている)
表側
(多くの人には、明らかである)
①感性力での
【気づき／違和感】
＝飲めない人の「モヤモヤ」
→飲めない人って、
飲める人から何か
決めつけられてない?
②常識把握力での
【常識／定説】
＝飲めない人は、
飲み会がキライ
③問題提起力での
【疑問／問い】
＝飲めない人は、飲み会がキライ
というわけではないのではないか?
④言語化力での
【仮説／推論】
＝飲める人ばかり楽しんで、ずるい!

して(＝【仮説／推論】)、最終的に立派な成魚である【インサイト】になっていくという「出世魚」的なモデルをイメージしていただけたのではないでしょうか。

「そのインサイトは、商売になるのか?」

ビジネスの最前線で活躍しているマーケターは、インサイトをどのように実践的に使っているのでしょうか？　『スマドリバー渋谷』を立ち上げた**アサヒビール株式会社 マーケティング本部長（『スマドリバー渋谷』オープン時 スマドリ株式会社 代表取締役社長）梶浦瑞穂氏**にお話を伺いました。

Q1:なぜ「飲める人ばかり楽しんでずるい!」をインサイトだと判断できたのでしょうか?

一番大切にしているのは「そのインサイトは、商売になるのか？」ということです。つまり、自分自身がビジネスの課題をクリアに把握して、それをチームメンバー全員が共有していないと、ターゲットの発言が「インサイト」であるかを判断することができないのだと思います。今回のスマドリバーで言えば、日本の人口やお酒の消費量が減っていく中で、アサヒビールとして「飲めない人」を、新しく顧客にしていかなければいけない、という課題をチームでクリアに把握できていたので、「飲める人ばかり、楽しんでずるい！」というターゲットの発言を見逃さずに、「インサイト」だと判断できたのだと思います。

Q2:「インサイト」を扱う上で、一番大事なことは何でしょうか?

インサイトから、ワクワクするストーリーが描けることです。インサイトを起点にして、課題から解決策まで、どのようなストーリーだったら、ターゲットが深く共感して態度変容し、世の中が変わっていくのか？　そのイメージを共有できることが重要です。よく、インサイトを見つけても、それが全然魅力的なストーリーにならなくて、素敵な社会になる気がまったくしないことがあります。スマドリバーのときは、「飲める人ばかり楽しんで、ずるい！」という一言を聞いた瞬間、素敵な社会になっていくストーリーがパッとイメージできたのだと思います。

Q3:アサヒビールにとって、インサイトはどのような意味や価値を持つとお考えでしょうか?

インサイトはすべての起点であり、顧客自身が気づいていないウォンツやペインと呼ばれるような心の叫びです。それを、アサヒビールが解決すべきか？　解決できるか？　そして、儲かる商売になるか？　この3点を押さえることを大事にしています。また、組織としても、「飲める人だけでなく、飲めない人も」といった多様性を戦略的に活かすことで、優れたインサイトを見つけやすくなります。

Q4:マーケティングにとって、インサイトとは何でしょうか?

マーケティングの真ん中にいるのは顧客です。その顧客の中心にあるのがインサイトです。そして、そのたった1人の顧客のインサイトが、多くの人にも当てはまるものであれば、大きな規模のビジネスになっていきます。それがドラッカーも言っている顧客の創造であり、商売の創造です。繰り返しになりますが、「そのインサイトは、商売になるのか？」。この視点を、常に忘れないことが最も大切です。

第　4　章

逆説モデル
——出世魚モデルを高速化する

超強力！　逆説モデル

- みんな／世の中は、○○だと思っているかもしれないけれど（常識／定説）
- 実は／本当は、■■ではないか？（仮説／推論）と自分は思う。
- （なぜなら△△だから）

インサイトは常に「逆説」的

「逆説モデル」で飛躍的に作業を効率化する

これまで、インサイトの見つけ方を「出世魚モデル」に沿ったSTEP1〜5の思考ステップで見てきました。5つのステップを一つひとつ丁寧に注意深く作業していけば、確実にインサイトへと近づけます。しかし、仕事にプライベートに忙しい現代人のみなさんは、「もっとシンプルで簡単にインサイトへと近づく方法はないの？」と、思われるかもしれません。

優れたインサイトは、非常に大きな威力を発揮しますが、思考ステップのスピードアップには、ある程度のまとまった鍛錬と時間が必要になります。そこで、インサイト探索作業を飛躍的に効率化できる、出世魚モデルの短縮版を紹介します。

名づけて**「逆説モデル」**です。

「逆説モデル」

みんな／世の中は、○○だと思っているかもしれないけれど（常識／定説）

実は／本当は、■■ではないか?、と自分は思う。（仮説／推論）

「逆説モデル」を、うまく使えるようになると、いわゆる「企画」にかける時間が、筆者の体感では約10分の1くらいになります。そして、今まで長々と書いていた企画書の長さも10分の1程度の枚数に、場合によっては、「1枚」にわかりやすくまとめて、チームメンバーや関係者に効率良く伝えて共有することができるようになります。

さらに「逆説モデル」を使うことで、世の中の多くの「大ヒット企画」の本質部分を読み解くことができます。それらの企画が、一体どのような「インサイト」から生まれているのかを、シンプルに推測することができるのです（あくまでも推測ですので、事実かどうかは別途確認が必要ですが）。

つまり、ヒットした多くの企画、成功したベンチャー企業、新商品、新事業、論文、番組企画、コンテンツ企画、本のタイトル、雑誌の見出しなどが、意識的なのか、無意識的なのか、この「逆説モデル」からインサイトを推測することができるのです。本章では、この事例もいくつか見ていきます。

ただし、先に「出世魚モデル」での基礎を固めずに、いきなり「逆説モデル」を使おうとすると、意図せずに罠のようなものにハマって行き詰まることがあります。したがって、「逆説モデル」でうまくいかなくなったら、必ず「出世魚モデル」に立ち返って、行き詰まりを丁寧に解きほぐしてみてください。基本的には、「出世魚モデル」の思考ステップに慣れてから使うことをお勧めします。

「逆説モデル」とは？

さて、話を戻しますと、「逆説モデル」は、次のようなワンフレーズ（一つの文章）で、ミニマルにインサイトを表現するモデルです。

「逆説モデル」

みんな／世の中は、○○だと思っているかもしれないけれど（常識／定説）

実は／本当は、■■ではないか？と自分は思う。（仮説／推論）

簡単に言えば、

「〝表側〟の『常識／定説』として、みんな／世の中が思っていること」

に対して、

「〝裏側〟の『仮説／推論』として、自分が本当に思うこと」

ということを一文にまとめたモデルです。

この「逆説モデル」を、第2章の「出世魚モデル」と対応させると、図4－1のようになります。

図4−1　表側の常識と裏側の仮説

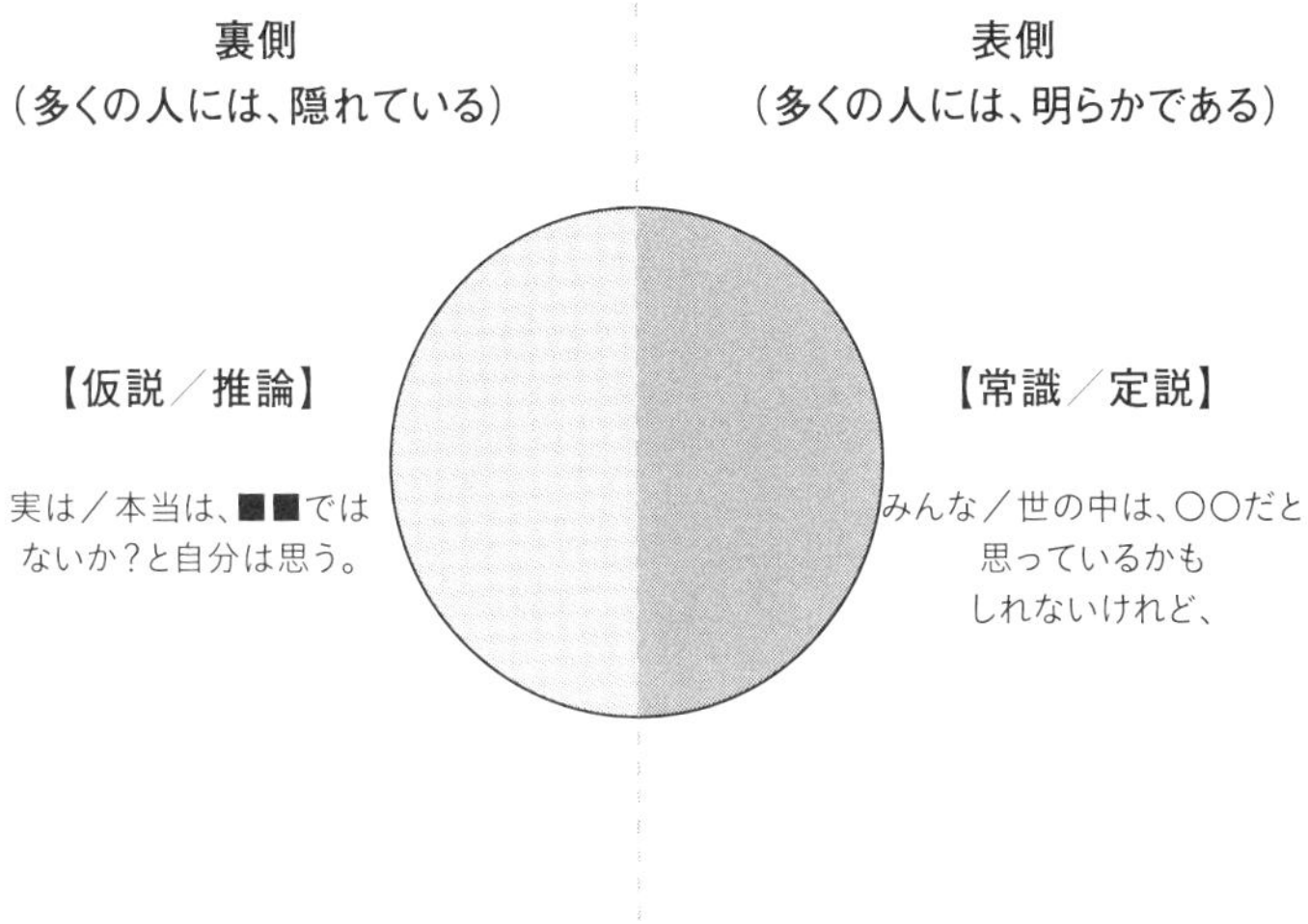
裏側
（多くの人には、隠れている）
表側
（多くの人には、明らかである）
【仮説／推論】
実は／本当は、■■では
ないか？と自分は思う。
【常識／定説】
みんな／世の中は、〇〇だと
思っているかも
しれないけれど、

あなたの「気づき／違和感」（STEP1）が、どんな「常識／定説」に対するものなのか（STEP2）を、**「みんな／世の中は、〇〇だと思っているかもしれないけれど」**という一文でシンプルに表現します。「〇〇」の部分には「常識／定説」を当てはめます。

続いて、STEP3の「疑問／問い」とSTEP4の「仮説／推論」を**「実は／本当は、■■ではないか？と自分は思う」**という一文で表現します。「■■」の部分には、「仮説／推論」を当てはめて、「出世魚モデル」の思考ステップを、ワンフレーズで表現しています。

「出世魚モデル」に慣れてきて、一つひと

つのプロセスが面倒に感じてきたら、いきなりこの効率的な「逆説モデル」で考えてみても大丈夫です。

ただし、前半の、いかに明確に「常識／定説」を認識するかということと、後半の、いかに精緻な言葉で「仮説／推論」を表現していくか、というところにかかる労力自体は減るわけではないので、そこはくれぐれも念頭に置いて活用してください。

「逆説モデル」前半

「みんな、○○だと思っているかもしれないけど」の「○○」を埋める

それでは、先ほど同様に『スマドリバー渋谷』の事例を振り返りながら、具体的にこの「逆説モデル」の使い方を見ていきましょう。

みんな／世の中は、○○だと思っているかもしれないけれど、実は／本当は、■■ではないか？と自分は思う。

まず、前半「みんな／世の中は、○○だと思っているかもしれないけれど」の箇所です。『スマドリバー渋谷』のケースでは次の①の「気づき／違和感」から、②のような「常識／定説」を、改めて認識することができていました（ここまでに至るプロセスは第3章にあるので省略します）。

①【気づき／違和感】

「飲めない人って、飲める人から、なんか決めつけられてない？」

②【常識／定説】（＝〝**表側**〟**の明らかなこと**）
飲めない人は、飲み会がキライ（と、飲める人にも思われている）

このとき、「常識／定説」の**「飲めない人は、飲み会がキライ」**を、そのまま「逆説モデル」の前半**「みんな／世の中は、○○だと思っているかもしれないけれど、」**に当てはめていきます。

【「逆説モデル」前半】
みんな／世の中は、
「飲めない人は、飲み会がキライ」
だと思っているかもしれないが、

このようにして、あなたのぼんやりとした曖昧な「気づき」や「違和感」が、どんな「常識」や「定説」に対して抱いていることなのか、という思考を高速で整理するのです。

ただし、1つだけ注意点があります。

その「常識／定説」は、本当に〝過半数以上〟の人が思っている「常識／定説」なのか？ということです。

第2章、第3章で触れたように、この「常識／定説」が、過半数の人が思っているような「常識／定説」で間違いないのか？ということは、入念にチェックしましょう。ここで、「常識／定説」を間違うと、その後に「インサイト」へと育ちません。

ここが、インサイト探索に慣れない方が、いきなり「逆説モデル」で、効率的に作業しようとするときにはまりやすい大きな落とし穴（罠）の一つです。繰り返しになりますが、「常識／定説」を認識するのは、一番「簡単そうに見えて、実は難しい作業」です。「逆説モデル」を使用するときは、あなたが認識した「常識／定説」に関して、次の点を確認してください（第2章114ページ参照）。

○対象とするターゲットの〝過半数〟が思っている「常識／定説」になっているか？
○急速に時代が進んで、その「常識／定説」は、昔の「常識／定説」に形骸化していないか？

筆者が、この「逆説モデル」を使った研修やセミナーで、インサイト探索のスキルを磨くための演習を行なったときも、「常識／定説」の認識を間違ってしまったために、その後の作業が行き詰まる受講者がたくさんいました。

一つ、例を挙げます。

みんな／世の中は、
「飲めない人は、飲み会が〝好き〟」
と思っているかもしれないが、

今まで見てきたように、飲めない人の約3分の2は飲み会がキライ、というデータがあることがわかっていますし、それこそ常識的には、「世の中のみんなが、飲めない人は飲み会が好き」だとは思っていなさそうなことはわかります。

こんなふうに「常識／定説」の認識が間違っていると、この後の作業がうまくいきません。

こんな簡単な間違いはしないよ、と思うかもしれませんが、第2章で例に挙げたLGBTQ＋の例（124ページ参照）ではどうでしょう。

みんな／世の中は、
「LGBTQ＋ってまだまだ世の中に認知されていない」
と思っているかもしれないが、

これは一見、「常識」に見えてしまわないでしょうか？　最新の2023年の調査では、LG

BTQ＋の認知度は80・6％にも達しているので、**「LGBTQ＋ってまだまだ世の中に認知されていない」**は、2023年時点では「常識」とは言えなそうです。正しい「常識」は、**「LGBTQ＋は多くの人が認知している」**となります。

繰り返しますが、あなたの「気づき」や「違和感」、「疑問」や「問い」は、多くの人が感じている「常識／定説」の〝裏側〟に隠れていないと「インサイト」に育ちません。したがって、この「逆説モデル」前半の「常識」や「定説」を認識する作業は丁寧に行ない、間違わないようにしないといけないのです。

「逆説モデル」は、埋めるべき箇所が少ないので、簡単そうに見えます。しかし、安易に前半の「〇〇」が埋められたとすぐに満足せずに、この前半の「〇〇」にどのような「常識／定説」を設定するのかについては、「出世魚モデル」同様に熟考してください。

「逆説モデル」
後半

「本当は、■■なのではないか？と自分は思う」の「■■」を埋める

次に、後半**「実は／本当は、■■なのではないか？と自分は思う」**の箇所です。「逆説モデル」の後半では、STEP3「疑問／問い」とSTEP4「仮説／推論」の作業を一気に行なうとお伝えしました。

スマドリバーのケースでは、前半の**「飲めない人は、飲み会がキライ」**という「定説」に対して、「飲めない人は、飲み会そのものが本当にキライ、というわけではないのではないか？」というシンプルなアンチテーゼを「問い」としました。

【疑問／問い】（＝〝裏側〟に隠れていること）

・飲めない人は、飲み会そのものが本当にキライ、というわけではないのではないか？

このように後半**「実は／本当は、■■なのではないかと？と自分は思う」**の箇所には、「疑問

／問い」がシンプルにハマります。

実は／本当は、「飲めない人は、飲み会そのものが本当にキライ、というわけではないのではないか？」と自分は思う。

ただし、ここで「仮説／推論」が完成したと考えるのは、まだ早いです。「疑問」や「問い」を「仮説／推論」に成長させるためには、さらに精緻に言語化する必要がありましたね。

つまり、**「飲めない人は、飲み会そのものが本当にキライ、というわけではないのではないか？」**という、まだいまいち曖昧ではっきりしない表現について、より正確に言うならば、「どのような〝隠れたホンネ〟に近いのか？」を吟味する必要があります。あなたやチームメンバーの感覚に「ピタッ」とくる精緻な言葉を探すステップは、「逆説モデル」を使った場合でもなくなるわけではありません。

「逆説モデル」の後半の■■に、「疑問／問い」を書き入れると、一見、きれいにハマったように思えます。しかし、そこで満足してしまうと、言語化の作業をすっ飛ばしてしまいがちです。

これは、インサイト探索に慣れない人が、「逆説モデル」で効率的に作業しようとするときに、陥りやすいもう一つの大きな落とし穴（罠）です。

ここでは、第3章（195ページ参照）に出てきた、

【疑問／問い】「飲めない人は、飲み会そのものが本当にキライ、というわけではないのではないか？」

を、

【仮説／推論】「飲めない人は、『飲める人ばかり、楽しんでずるい！』と思っている」

という言葉で置き換えて「仮説／推論」としたことで、最終的に次のような、シンプルで「逆説」的なワンフレーズで表現できます。

（「逆説モデル」を使って完成した〝逆説的〟なワンフレーズ）

みんな／世の中は、
「飲めない人は、『飲み会がキライ』」
と思っているかもしれないが、

実は／本当は、
「飲めない人は、『飲める人ばかり楽しんで、ずるい！』と思っている」

と自分は思う。

ここで、一番重要なことは、「キライ」が「ずるい」に置き換わっていることです。

つまり、世の中の「常識／定説」としては、「キライ」ということなのですが、自分の気づきや違和感に対する考えを掘り下げて、精緻に言語化していくと、「キライ」よりも、「ずるい」のほうが、自分の感覚に「ピタッ」とハマるんだよね、ということです。

実は、この場合のインサイトは、究極的に削ぎ落としていくと、

「キライ」っていうより、「ずるい」ってことなんじゃない？

という、とてつもなくシンプルなものなのです。

ここまで、「出世魚モデル」や「逆説モデル」などを使って、長々と説明しましたが、インサイトの探索作業とは、

「それって、○○っていうよりも、■■なんじゃない？」

図4−2　「無性に飲みたい」を検証する

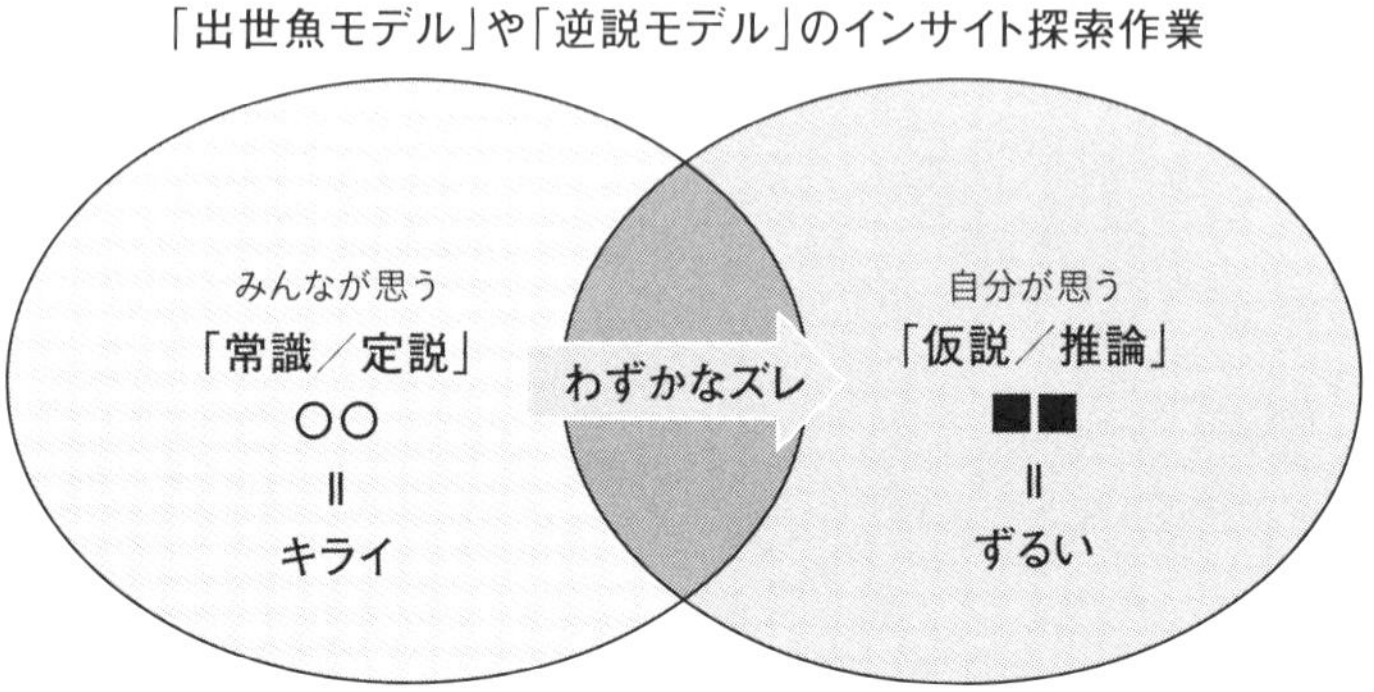
「出世魚モデル」や「逆説モデル」のインサイト探索作業
みんなが思う
「常識／定説」
○○
＝
キライ
わずかなズレ
自分が思う
「仮説／推論」
■■
＝
ずるい

という「○○→■■」への「わずかなズレ」を見つけていくシンプルな作業なのです。元も子もない話ですが、インサイトのプロたちは、最初の打ち合わせで少し話しただけで、さりげなく、

「それって、○○っていうよりも、■■なんじゃない?」

と、インサイトを言い当てたりします。これが、第1章で述べたような「インサイト探索は、センスや属人的なものなんじゃないか?」と思われる原因なのですが、頭の中で「出世魚モデル」の思考プロセスや「逆説モデル」のような整理を、それまでの鍛錬から超高速で行なっているのです。

「逆説モデル」で「コカ・コーラ」の事例を考える

ここで、もう一つの事例として「はじめに」で触れたコカ・コーラの事例を「逆説モデル」に当てはめて見てみましょう。「はじめに」で参照した『広告マーケティング力』をもとに筆者がまとめてみます。

まず、前半の「常識／定説」に当てはまるのは、調査データで出てきた「コカ・コーラを飲みたくなるのは、暑いときやハンバーガーを食べているとき」なので、次のようになります。

みんな／世の中は、
「コカ・コーラを飲みたくなるのは『暑いとき』や『ハンバーガーを食べているとき』」
だと思っているかもしれないが、

ここまでの思考プロセスを再び「出世魚モデル」の思考ステップで丁寧にたどってみます。

この仕事の担当者は、「コカ・コーラを飲みたくなるのは、暑いときやハンバーガーを食べているとき」という調査データに対して、まず、自分の実感として「どうも違うような気がする。他に、もっとコカ・コーラを飲みたくなる理由があるのではないか？」と「違和感」を持ちました。つまり、その「違和感」とは、そのままですが「暑いときやハンバーガーを食べているときに、コカ・コーラを飲みたくなる」という「定説」に対しての「違和感」です。

この場合、すでにデータで示されていることですので、スムーズに前半の箇所に「常識／定説」として書き入れられます。

これに対して、後半の箇所**「実は／本当は、■■なのではないか？（と自分は思う。）」**を考えます。シンプルにSTEP2「常識／定説」へのアンチテーゼ的な「疑問／問い」を置けば、次のようになります。

実は／本当は、
「暑いときやハンバーガーを食べているとき〝以外にも〟、もっとコカ・コーラを飲みたくなるときがあるのではないか？」
と自分は思う。

ただし、このままでは「疑問／問い」ではあっても「仮説／推論」ではありません。それは、もうおわかりのように「暑いときやハンバーガーを食べているとき〝以外にも〟」という表現が、多様に解釈でき、非常に曖昧だからです。

では、この「暑いときやハンバーガーを食べているとき〝以外にも〟」が、具体的に、どのようなときなのか？　あなたやチームメンバーが、「まさにソレ！」と盛り上がり、感覚に「ピタッ」とハマる表現をするならば、それは一体どういうタイミングなのか？　精緻に言語化していき、「疑問／問い」を、「仮説／推論」へと成長させていきます。

この案件では、「違和感」を持った担当者は、まず身近な何人かに**「コカ・コーラはいつ飲むと美味しいと思う？」**と、改めて尋ねたそうです。そうすると多くの人が「うーん……いつって言われても……」とまず回答し、その後に先ほどの調査データでの選択肢を示すと「暑いとき」「ハンバーガーを食べたとき」を選ぶ様子が見えてきました。つまり、調査データ上には選択肢に記されている回答しか残りませんが、担当者は、多くの人がまず発した**生の声が「うーん……」**であることにこそ、顧客のインサイトが隠れているのではないか？という確信を深めました。

この「うーん……」とは、何なのでしょうか？　自分の感覚で表現するならば、コカ・コーラには「急に無性に飲みたくなる」という衝動があるのではないだろうか？と、担当者は思ったそうです。

このように、まわりの人との「対話」を重ねる中で、それはつまり一言で言うと、**「急に無性に飲みたくなる（衝動）」**ということなのではないか？と考え、曖昧だった「暑いときやハンバーガーを食べているとき〝以外〟」を、「急に無性に飲みたくなる（衝動）」ではないかという「仮説／推論」として精緻に言語化したのです。

このインサイトをまわりの人に伝えるためには、第2章の「説得力」で説明したように、自分だけが思っている「主観」を、みんなも思っている「客観」にしなければなりません。

そこで、いくつかの飲料について「無性に飲みたくなるときはありますか？」とアンケートをとりました。その結果、お茶などの場合はほとんど「はい」と答える人がおらず、他の炭酸飲料とくらべても、コカ・コーラは「はい」と答える人が突出して多いという結果になりました。この点からしても、コカ・コーラがユニークな存在であることも明らかになりました。

暑いとか、興奮しているとか、いろいろな理由はあっても、コカ・コーラを飲みたいという衝動は突発的なもの。「わけもなく、急に無性に飲みたくなる衝動を感じる」のが、コカ・コーラのインサイトだということを発見したのです。

【「逆説モデル」を使って完成したワンフレーズ】

みんな／世の中は、

「コカ・コーラを飲みたくなるのは『暑いとき』や『ハンバーガーを食べているとき』」

だと思っているかもしれないが、

実は／本当は、

「『わけもなく、急に無性に飲みたくなる衝動を感じる』のがコカ・コーラだ」

と自分は思う。

なぜならば、
実際に「無性に飲みたくなるときがある」という質問のスコアが、
他の飲料よりも、突出して高かった。※

※ここでの「逆説モデル」のフレーズには、「説得力」の部分を「なぜならば〜」以下のフレーズとして加えています。自分が見つけた「仮説／推論」を、さらに社内やクライアントなどに説得する必要がある人は、「なぜならば〜」以下のフレーズも加えると、「逆説モデル」が、より確からしいフレーズとなります。

そして、施策として生み出されたのが、コカ・コーラの持つ飲みたくなる強い衝動を体感

図4−3 「無性に飲みたい」を検証する

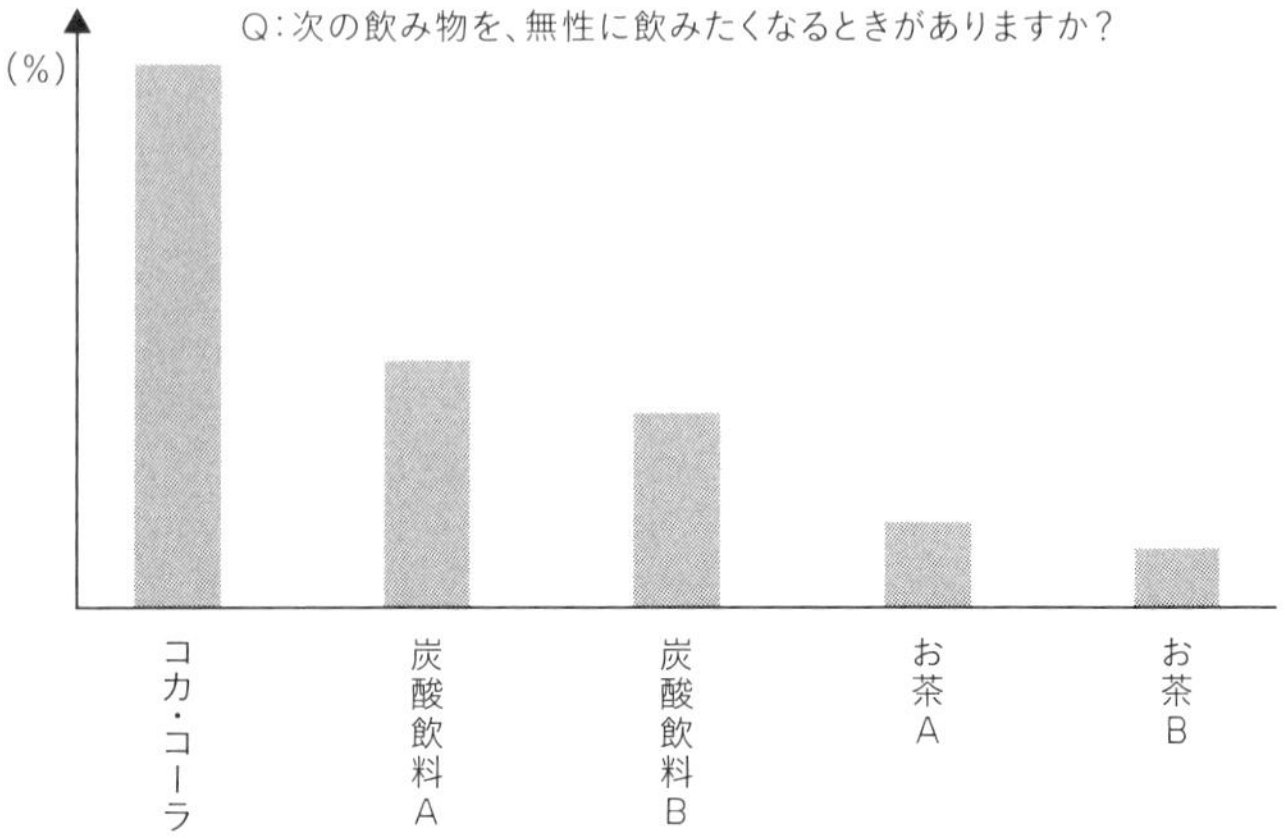

出典：『広告マーケティング力』（広告マーケティング力編集委員会編 誠文堂新光社）から筆者が作成

させる「No Reason.（理由はない）」というキャンペーンだったのです。

以上の例より、「逆説モデル」の思考のステップに慣れてくれれば、「出世魚モデル」は、より高速かつ効率的に思考を進めることができるモデルです。「出世魚モデル」を繰り返し使うことで、どこに時間をかけるのが効率的なのか、間違いやすいポイントはどこなのかがよりわかってくると思います。

ただし、あくまでも「逆説モデル」は、「出世魚モデル」を短縮したものなのです。5つのステップに慣れてきて、わざわざ「出世魚モデル」を使わずともある程度の速さで思考を進められる自信が出てきたら、「逆説モデル」を使ってみてください。インサイト探索の作業が、自分でも驚くほど早くなります。

「逆説モデル」で「三番手」のイメージを払拭する【バーミキュラの例】

「逆説モデル」で考えた事例として、筆者佐藤が担当させていただいた「鋳物《いもの》ホーロー鍋 バーミキュラ」のブランディング事例をご紹介します。

「鋳物ホーロー鍋 バーミキュラ」は、2009年の発売以来、大ヒット商品の仲間入りをしていますが、2015年にブランドのリニューアルをしています。実は筆者佐藤は、バーミキュラの認知がまだそこまで高くなかった初回発売段階で運良く購入したロイヤルユーザーです。その後、縁があってブランディングに携わらせていただきました。そのときに、どのような思考プロセスで「逆説モデル」を使って考えていったかを説明します。

まず、バーミキュラの鋳物ホーロー鍋の最大の特徴は、競合商品にはない0・01ミリ単位で鍋と蓋との間の密閉性を実現したことによる、非常に性能の高い「無水調理機能」です。これによって「素材本来の味を逃さずに料理が簡単に美味しくでき、しかも栄養素も逃さない」という唯一無二の価値を実現しています。筆者佐藤が使い始めたときも、確かに今までの鍋と比べてもすごく簡単に美味しい料理ができ、非常に満足していました。

そこで、自分のまわりの知人たちに、「この鍋はすごい！」と言って回っていました。実際に、料理を食べてもらうことができた人はそのすごさに共感してもらったのですが、料理を食べることなく、口頭だけで説明すると、イマイチ共感が得られないことがありました。多くの人に広告するとなると、必ずしも全員に食べてもらう機会があるわけではないので、バーミキュラを買いたくなるように「人を動かす」ためには、伝え方に何かしらの工夫が必要です。

そこで、まわりの人たちや世の中の人たちの意見を集めていると、次のような意見を持っていることがわかりました。彼らが口を揃えて言っていたのは「競合ブランドAや競合ブランドBのような高級な鋳物ホーロー鍋が昔からあるのは知っている。結局は、バーミキュラもそれらと似たようなものなんじゃないの？」という「常識」です。つまり、

「みんな／世の中は、『バーミキュラは、競合ブランドAや競合ブランドBなどに類似した三番手の鋳物ホーロー鍋だと思っている』」

のではないか、ということです。

もちろん、実際に使用していて満足度が非常に高かった私は、そのような「常識／定説」には、大きな「違和感」を持っています。したがって、**「バーミキュラは、競合ブランドに類似した三番手の鋳物ホーロー鍋などでは決してない！」**と強く思っています。それでは、**「類似した三番手ではない」**をもう少し具体的に説明すると、どういうことなのでしょうか？

「非常に高い無水調理性能」や「一つずつ日本の熟練職人が手作りしている」「一生サポートしてくれるアフターサービス」など、バーミキュラには競合と比較しても優れた差別点がいくつもあります。しかし、これをまわりの知人たちに説明してみても、「そうなんだね！」と良さそうな反応はするのですが、「それなら買ってみたい！」というような「人を動かす」ほどの手応えがないこともありました。

そのときに、自分と同じくバーミキュラを使っている友人と話していたら、次のようなハッとする一言を聞いたのです。**「バーミキュラを使っていると、もちろん簡単に美味しくできて嬉しいんだけど、なんか、自分の暮らし全体の質がちょっと上がったような気分になるんだよね。そう思わない？」**。特に、このコメントの中の**「暮らし全体の質がちょっと上がったような気分」**というフレーズが、私にも、ものすごく腑に落ちたのです。

つまり、非常に性能の高い「無水調理機能」や「職人の手作り」といったことは、すでに「鋳物ホーロー鍋」を買う気になっていて、ある程度鋳物ホーロー鍋全般について情報を持っていて、具体的にどのブランドにしようかと迷っている人を動かすことはできるかもしれませんが、そもそも「鋳物ホーロー鍋」の購入を検討していない人を動かすほどの重要度は持たないのかもしれません。それよりも、料理などを通じて「暮らし全体の質が上がる」ということのほうが、「鋳物ホーロー鍋」の購入を検討していなかった人たちも含めて、より多くの人の共感を得られるのかもしれない、と考えました。

そこで、バーミキュラユーザーを集めて質問をしてみました。**「バーミキュラを使い始めたことで、あなたの暮らしは以前と比べてどのように変わりましたか?」**。すると、次のような多様なイキイキとした意見があふれるように出てきたのです。

○バーミキュラを買ってから、今まで苦手だった料理がすごく楽しくなった
○バーミキュラで作ると、子どもが苦手な野菜も喜んで食べてくれる
○バーミキュラを買ってから、外食が減って健康的な生活になった
○バーミキュラを買ってから、家に人を招いて料理を振る舞うことが増えた
○バーミキュラを買ってから、素材の良さにこだわるようになり、ファーマーズマーケットに

行って野菜を購入するようになった

○以前よりも、料理道具を丁寧に扱うようになった

これらのリアリティがある、具体的なシーンを想像できるようなたくさんの意見が出てきたことで、次のような「仮説」にたどり着くことができました。それは「実は／本当は、**バーミキュラは、使い手自身はもちろん、その家族の暮らしやライフスタイルさえをもガラリと変えてしまうような画期的な鍋**だと自分は思う。」ということです。

以上より、「逆説モデル」は次のようなワンセンテンスにまとめられます。

みんな／世の中は、
「バーミキュラは、競合ブランドA、Bに類似した3番手の鋳物ホーロー鍋だ」
と思っているかもしれないが、
実は／本当は、
「使い手自身はもちろん、その家族の暮らしやライフスタイルさえをもガラリと変えてしまうような画期的な鍋だ」

と自分は思う。

このように「逆説モデル」を使ってたどり着いた「インサイト」を元として、バーミキュラのコンセプトを**「暮らしを変える鍋」**と設定しました。

そして、バーミキュラの鋳物ホーロー鍋という製品性能だけではなく、それを使うユーザーや、家族、ホームパーティーで集まる友人たちを含めた全体の「暮らしの変化」が感じられるように、ブランドスローガンを「手料理と、生きよう。」として打ち出し、バーミキュラを手にした人たちのライフスタイルがより上質なものに変わることをイメージできるビジュアルを制作しました。

以上のように、「逆説モデル」を使ってみた実際の事例をご紹介しましたが、その思考プロセス自体はあくまでも「出世魚モデル」の思考ステップがもとになっています。「逆説モデル」で効率的に考えることができるようなるためには、「出世魚モデル」に十分に慣れた上で、前半の箇所、**「みんなは／世の中は、〇〇だと言っているけれど」**に当てはめる「常識／定説」を見間違わないように設定し、後半の箇所**「実は／本当は、■■なのではないか？（と自分は思う。）」**の「仮説／推論」を、ちゃんと腑に落ちるように「言語化」していくことが重要です。

図4−4　バーミキュラのイメージビジュアル

「逆説モデル」の「理由（なぜならば〜）」を考え、周囲を説得する

さて、ここから先は、「逆説モデル」で表現できたセンテンスに、さらに説得力を持たせて、まわりの人たちに伝えたい、という人へ向けたトライです。別に、やらなくても問題はありませんが、必要性や興味のある人は、ぜひ一度チャレンジしてみてください。

あなたが見つけた「仮説／推論」を「逆説モデル」でシンプルかつ明確に言語化できたら、それが「インサイト」として、客観的に成立する「理由（なぜならば〜）」を、Ａ４判１枚に収まる程度の分量、約２００〜３００字程度で説明してみてください。その説明は、そのまま高い説得力を持った企画書になります。先ほどの「バーミキュラ」の例で見てみましょう。

早速ですが、まずは、「逆説モデル」のようなことが、なぜ言えるのか？という「理由」を、300字程度の文章にまとめてみると次のようになります。

【「逆説モデル」を、端的に説明する「理由（なぜならば～）」の文章（約300字）】

みんな／世の中は、

「バーミキュラは、競合ブランドAや競合ブランドBなどに類似した三番手の鋳物ホーロー鍋だ」

と思っているかもしれないが、
実は／本当は、

「使い手自身はもちろん、その家族の暮らしやライフスタイルをもガラリと変えてしまうような画期的な鍋だ」

と自分は思う。

なぜならば、バーミキュラは他の製品のように外国で画一的に量産されているのではなく、一つひとつが日本の熟練した職人の手によって0・01ミリの精度で作られているため、素材の味を最大限に引き出し、野菜の栄養価をほとんど逃さない無水調理が誰でも簡単にできる。このように手料理が劇的にカンタンで美味しくなるから、子どもの好き嫌いがなくなったり、外食が減ったり、前よりもいい素材を選ぶようになったり、ホームパーティーを開く機会が増えたりする。すると、まわりの人たちも健康的な食生活で体調が良くなり、家族の団欒や友人との語らいも増えていく。そう、バーミキュラは、ただの鍋ではなく、世界を幸せにする魔法の道具なのである。（299字）

ご覧いただいてわかる通り、「逆説モデル」を使って「インサイト」へと至るときの思考ステップを、端的にまとめているだけです。ただ、このときに、単に思考プロセスをそのまま書けばいいわけではなく、次のような7つのポイントに留意してみると、より「理由」の説得力が高まります。

300字程度の「理由」の文章を作成するときの7つのポイント

①テーマ設定（切り口が斬新か）
↓バーミキュラは、他の鍋とは決定的に違う、暮らしを変える鍋である

②現状の正確な把握（みんな／世の中が思っていることを、明確に理解しているか）
↓「バーミキュラは、競合商品と似たようなものである」と、思われている

③強い主張（どれほど、本当に伝えたいのか？）
↓ユーザーである自分自身が日頃から強く感じ続けているバーミキュラの素晴らしさ

④新しい情報（知らない情報には、それだけで価値がある）
↓「素材の味を最大限に引き出す無水調理」「野菜の栄養価をほとんど逃さない」など

⑤明白な比較（数字などで、しっかりと差を見せる）
↓「熟練職人が一つひとつ手作り」「0・01ミリの精度」など

⑥客観的な証拠（ひとりよがりの意見ではないことの証明）
↓「子どもの好き嫌いがなくなる」「外食が減った」「いい素材を選ぶようになった」など

⑦主張の巨大化（自分の主張は、社会のためになる）

図4−5　説得力を高める文章の7つのポイント

- ☑テーマ設定（切り口が斬新か）
- ☑現状の正確な把握（世の中を明確に理解しているか）
- ☑強い主張（どれだけ、本当に伝えたいのか）
- ☑新しい情報（知らない情報には、価値がある）
- ☑明白な比較（しっかりと差を見せる）
- ☑客観的な証拠（ひとりよがりの意見ではない）
- ☑主張の巨大化（自分の主張は社会のためになる）

↓バーミキュラは、世界を幸せにする魔法の道具である

以上のように、「逆説モデル」とともに、上記の7つのポイントを意識した「理由（なぜならば〜）」を端的にまとめてみることで、あなたの「インサイト」を、チーム内や伝えたい人たちに、よりわかりやすく説明できます。

このようなアウトプットを意識しながら続けていると、企画書のページ数も少なくなり、作業の速さも格段に向上していきます。

大ヒット書籍『嫌われる勇気』を、「逆説モデル」で推測する

大ヒット書籍である『嫌われる勇気』（岸見一郎・古賀史健著　ダイヤモンド社）をご存じの方も多いと思います。アドラー心理学に基づく幸せな生き方をわかりやすく説いた本です。

この本のタイトルである『嫌われる勇気』も、「逆説モデル」の思考プロセスと同じようなアプローチでインサイトを見つけて、名付けられているとも考えられます。アドラー心理学を紹介する書籍タイトルを普通に考えれば『アドラー心理学入門』や『これであなたも幸せに生きられる「アドラー心理学」』などといったタイトルになることが容易に想像できます。

しかし、この本では安易にそのようにせずに、

○現代の世の中の人がどのような「常識」を持っているのか？

○その人たちのどのような「気づき」を捉えて、アドラー心理学のメリットを説明すれば、最も「腑に落ちる」のか？

という思考プロセスを経ていると想像できます。

それは、アドラー心理学の理論的支柱の一つである「承認欲求」に関する「常識」です。『嫌われる勇気』が出版されたのは2013年ですが、ちょうどSNSという新しいメディアが世の中で一般化されはじめ、多くの人々が今までよりも「承認欲求」ということを意識し、メディアでも指摘され始めた頃です。

そして、おそらくこの本の著者たちが気づいたのは、「承認欲求」を追い求めるあまり、「人に認めてほしいがために、嫌われることを気にしすぎている傾向が、近年特に強くなっているのではないか?」という「気づき」だったのかもしれません。つまり、次のように考えて『嫌われる勇気』というタイトルを考えたのではないかと想像できます。

みんな／世の中は、

「幸せに生きるためには、誰からも『嫌われない』ことが大切だ」

と思っているかもしれないが、
実は／本当は、

「幸せに生きるために、嫌われることを恐れず自分の意見を伝える勇気を持ちたい」

と自分は思う。

「人に好かれることにこだわりすぎると、人の期待に応えようとして他人に振り回されることが増え、人間関係のストレスや悩みを抱えやすい。アドラー心理学の考え方を学んで、『嫌われる勇気』を持てれば、他人の言動に左右されることなく、自分の人生を自分らしく歩むことができる」という、アドラー心理学の要点を「逆説的」に伝える意図があったのかもしれません。アドラー心理学と言っても興味を持たない人を振り向かせるために、みんなが心の奥底で思っている「インサイト」を、非常にうまく突いています。

『嫌われる勇気』というタイトルの素晴らしい点は、「承認欲求が満たされなくてもいい」というやや専門的な表現を「嫌われる勇気」という、極めて日常的な言葉に「言語化」した点です。「承認欲求」という言葉も、意味は伝わらなくはないですが、日常使いの言葉ではない、やや専門的な言葉のために、人によってはややとっつきにくさがあります。

しかし「嫌われる」「勇気」といった言葉は、誰もが普段から使う〝話し言葉〟のため、言わんとすることが非常に明確かつ早く伝わるのです。また、普段は「勇気」は、「嫌われる」という言葉と一緒にはあまり使われません。「嫌われる」の後に「勇気」という言葉を続けている点も、「嫌われる勇気」という言葉への印象を強くしています。

この後、SNSは現在に至るまで発展し続け、『嫌われる勇気』は、発売以来、大ヒットを記録していますが、このような、人間の普遍的な性質を捉えつつ、そのときどきの時代に特徴的に見られるインサイト＝人を動かす隠れたホンネを見事につかみ、読者に新しい視点を提供して、多くの人々の心を捉えたとも言えるでしょう。

『あざとくて何が悪いの？』テレビ朝日の人気番組を「逆説モデル」で説明する

「インサイト」の思考プロセスは、企画の発想にも大いに使えます。中には、インサイト探索における「逆説モデル」が、そのまま企画名や番組名になっていることもあります。

ここでは、テレビ朝日で放映されている大ヒット番組である『あざとくて何が悪いの？』を例に説明します。

この番組の企画趣旨は「あざとい男女のリアルな恋愛事情や人間関係の処世術を全方位から深掘りしていく番組」ですが、この番組企画は、SNS時代における価値観の変化に鋭く着目し、若者の中での「あざとい」という言葉の使われ方が次のように「逆説的」に変わってきていることを非常にうまく捉えていると推論することができます。

みんな／世の中は、
「『あざとい』とは、『小狡い・小利口な・抜け目がない・やり方がズルい・悪どさや図々

しさを感じる』ことを表現するネガティブな言葉だ」

と思っているかもしれないが、
実は／本当は、

「『あざとい』とは、『男女関係や人間関係をスムーズにする処世術であり、つまりは、SNS時代に自分をよりよく見せられるポジティブな自己プロデュース術だ』」

と自分は思う。


おそらく、番組の企画者ははじめに、「あざとい」という言葉が、今までの年長者が使うような非常にネガティブな使われ方ではなく、一部の若者の間でポジティブな意味で使われていることに対する「気づき」があったのではないでしょうか？

言葉の意味やニュアンスは時代によって、絶えず変化していきます。今では、当たり前のようにポジティブに「すごい」ことを表現するときに使う「ヤバイ！」という言葉も、昔は「危険だ」「かかわらないほうがいい」というネガティブな意味でしか使われていませんでした。「あざとい」という言葉が、このように時代の価値観によって、ネガティブな意味からポジティブな意味へと変化していく、そのタイミングを見事に捉えています。

特に、今までの「常識」を『あざとい』ことは悪いことである」と改めて設定して、それに対する精緻に言語化された「問い」として「あざとくて何が悪いの？」という問題提起をし、非常に引きのある、気になる番組タイトルにしています。そして、ゲストや視聴者の、具体的な「あざとい」シーンに関するイキイキとした対話を、そのまま番組コンテンツにしている点も大変秀逸です。「Marketing Native」というサイトに、番組企画者の芦田太郎氏（元テレビ朝日プロデューサー）のインタビュー記事が掲載されていましたので、そこから一部抜粋します。

「あざとさ」はネガティブなワードとして使われがちですが、田中みな実さんならタイトル通り「人に好かれたいとか、男性によく思われたいと考える言動を突き詰めて何がいけないんでしたっけ？」「相手がハッピーになるなら別にいいじゃん」と受け止めていただける人もたくさんいらっしゃるのではないかと考えた点が番組のベースになっています。

『あざとくて何が悪いの？』は強いワードですし、今までの価値観や概念を覆していきたいという僕らの意気込みや思想が投影されたタイトルだと思うので、しっくりくるものを付けられたと捉えています。

（「細部のリアリティが共感を生む　株式会社テレビ朝日プロデューサー　芦田太郎」MarketingNative https://marketingnative.jp/sp10-01/）

「逆説モデル」で説明できる多様な分野の例

「iPS細胞」京都大学　山中伸弥教授

アカデミックな自然科学の世界における「論文」では、「逆説モデル」が非常に純粋かつ厳格に成立しています。なぜならば、科学的な発見とは、常に今までの「常識／定説」を、少しずつ逆説的に覆していく作業だからです。

科学の世界での「法則」は、常にその時代までにおける「仮説／推論」です。つまり、今まではそのように考えられていたけれども、この「論文」による新しい発見によって、そうだとは言えなくなった、ということが常に起こり続けている世界です。

第2章（130ページ）のように、ガリレオの「地動説」も、ニュートンの「万有引力の法則」も、アインシュタインの「相対性理論」も、すべてその時代のそれまでの「常識／定説」に対しての逆説的な「仮説／推論」です。そして科学の世界の場合は、他のどの世界よりも「仮説／推論」が、本当に確かなのかを、多くの専門家たちが長い時間をかけて論理的に厳密に検証します。

しかし、自然科学の世界でも一番はじめにあるのは、科学者たちの「常識／定説」に対する個人的な「気づき／違和感」なのです。

やや専門的で難しい話になりますが、例えば、最近では多くの人がご存じの、京都大学の山中伸弥教授が発見して2012年にノーベル生理学・医学賞を受賞した「iPS細胞の発見」という研究があります。それまでは、一度分化してしまった細胞はそれ以前の多能性を持つ細胞に戻ることはないと言われてきましたが、特殊な遺伝子操作をすることで、一度分化してしまった細胞でも、再び、いろんな細胞へと分化させる多能性を持たせることができる、という説です。これを、あえて「逆説モデル」で表現すると、次のようになります。

みんな／世の中は、

「一度、分化してしまった細胞は分化前に戻すことはもうできない」

と思っているかもしれないが、
実は／本当は、

「一度、分化した細胞でも、特殊な遺伝子を挿入することで、胎盤以外のすべての細胞に分化させる能力（＝多能性）を持たせることができる」

と自分は思う。

（『細胞の再プログラム化に、ノーベル医学生理学賞』nature　https://www.natureasia.com/ja-jp/nature/specials/contents/nobel-prize/id/nature-news-121011-1を参考にした）

このように、自然科学は、多くの科学者が個人的な「気づき／違和感」を持ち、それまでの「常識／定説」に対して「疑問／問い」を抱き、「仮説／推論」を立てて、数々の実験を繰り返して論理的に「検証」して「確認」していくという、まさに「インサイト」発掘的な思考プロセスを最も純粋にしている分野なのです。つまり、あえて大袈裟に言えば、世界を揺るがす世紀の大発見にも、「インサイト」があった、と言えるかもしれません。

新規事業の発想にも使える「逆説モデル」

ここまで見てきたように、広告企画やコンテンツ企画だけでなく、科学の世界などでも、「逆説モデル」と似たような考え方が使われていると推測できましたが、新規事業開発や起業といった分野でも活用できます。

第1章（51ページ）で見たように、ピーター・ティールは「ユニコーン企業と呼ばれるような爆発的に成長するスタートアップは、市場における『隠れた真実』を土台に築かれる」と、繰り返し言っています。

○誰も築いていない価値ある企業とはどんな企業だろう？　正解は必ず「隠れた真実」となる。
○偉大な企業は、目の前にあるのに誰も気づかない世の中の真実を土台に築かれる。
○優秀な起業家は、外の人が知らない真実の周りに偉大な企業が築かれることを知っている。

（『ゼロ・トゥ・ワン』ピーター・ティール著より引用）

これらの発言はまさに、「逆説モデル」の「みんな／世の中は、○○だと思っているかもしれないけれど、実は／本当は、■■ではないか？と自分は思う」と、構造的に共通しているように見えないでしょうか。つまり、優れた起業家が新規事業を考える際の発想法は、「逆説モデル」的な思考プロセスをたどっているのかもしれません。

インターネットやスマートフォンの誕生以降、大きく変わった世界で、非常に大きなインパクトを残している革新的な企業において、優れた起業家たちは何を「隠れた真実」だと見抜いたのでしょうか？「逆説モデル」を使っていくつか想像してみましょう。

【「Amazon.com」世界最大手の超巨大インターネットコマース企業】

みんな／世の中は、
「インターネットは、これまで以上に〝情報の流通〟を活発にするものである」
と思っているかもしれないが、

実は／本当は、
「インターネットは、これまで以上に〝物品の流通〟を活発にするものである、
特に、『本の流通』が一番適している」
と自分は思う。

【「Uber」ユニコーン企業】

みんな／世の中は、

「タクシー会社は、たくさんのタクシーを保有していなければならない」

と思っているかもしれないが、

実は／本当は、

「タクシー会社は、１台もタクシーを保有していなくてもいい」

と自分は思う。


【「エバーレーン」Ｄ２Ｃで話題のアパレルベンチャー】

みんな／世の中は、

「『法律で決められた最低限』の情報開示をすればいい」

と思っているかもしれないが、

実は／本当は、

「『過激なまでの透明性』を持って情報開示をすべきである」

と自分は思う。


皆さんも、何か新しいと思えることがあれば、「逆説モデル」で分析してみてください。

第 5 章

「インサイト」を見つけるためのトレーニング

インサイトを見つけるセンスはトレーニングで鍛えられる

第2章で、インサイトを見つけるためには「日頃の鍛錬」が大切だと述べましたが、彼らは総じて

世の中の「あらゆる現象」の〝裏側〟にある「狙い」を自分なりに「考える」

ということを行なっています。

ここでは、プロの考え方をもとに、5つのトレーニングを紹介します。

【トレーニングA：気づき探しトレーニング】
【トレーニングB：ヒット商品なぜなぜトレーニング】
【トレーニングC：チャットでなぜなぜトレーニング】
【トレーニングD：とにかく自分で体験してみるトレーニング】
【トレーニングE：似て非なる言葉探しトレーニング】

インサイトを見つける習慣をつける

第2章で、インサイトを見つけるためには「日頃の鍛錬」が大切だと述べましたが、インサイトを見つけるプロたちはどのようなトレーニングをしているか、ここで改めてみてみましょう。

○心を動かされた映画やドラマなどをもう一度見て、なぜ心が動かされたか考える
○実際に、自分自身で商品を使ってみる。他人が使用している場面を見る
○街中で気になった広告や商品／サービスが、どのような意図や戦略で作られたかを想像してみる
○あらゆる人との対話を通して、流行やヒット商品の成功要因を考えてみる
○リアルな消費や体験の場を、深く観察したりして、フィールドワークする
○ニュースや世の中のあらゆる現象を見て、なぜそうなったかをひたすら考える

本章では、できるだけプロフェッショナルの思考を再現できるような、トレーニングを紹介します。

トレーニング
A

普段の暮らしの中でできる「気づき探しトレーニング」

これは、普段の暮らしの中で、「ちょっとした気づきや違和感」などを、何かに「メモ」しておくというシンプルなトレーニングです。簡単なので、「習慣」や「クセ」にしてみましょう。

「メモ」することとしては、大きく2つあります。

1つは、日常生活で出会う、感情が大きく動かされた瞬間です。「びっくりしたこと」「腹が立ったこと」「怒りや憤りを感じたこと」などといった、感情が大きく揺さぶられる瞬間などを、覚えてメモしておきます。

特に重要なのは、「他の人はなんとも思ってなさそうだけど、自分だけは感情を動かされたこと」といった、人とは違った点で感情が動いた瞬間です。これらは自分だけが特別に感じ取っているかもしれない感情や気づき、違和感であり、将来的に価値あるインサイトへと育てられる可能性を秘めています。

もう1つは、映画やドラマ、小説、マンガ、アートなどのコンテンツを見て自分が心を動かされた瞬間です。「ここが面白かった」「あそこがつまらなかった」「ちょっとセリフに違和感を感じた」など、どんな些細なことでも構いません。コンテンツを「自分というフィルター」に通すと、必ずなんらか「人とは違う独自の視点や感想」が出てくるものです。自分だけが持つ独自の気づき、違和感、感覚、視点、考えはインサイトの卵になることが多いのです。

次に、「メモ」をするタイミングですが、ちょっとした気づきや違和感は、すぐに忘れ去られてしまったり、心の奥底に埋もれてしまうので、感じたそのときに「言葉」にして埋もれないようにしましょう。いわゆる日記のようなものも役立ちますが、スマホですぐ立ち上げられるメモ帳などの機能やアプリを使って、すぐに「一言」メモしておくのがよいでしょう。できるだけ「感じたそのとき」にタイムリーに作業できると、理想的です。

もし、人に見られてもよいことならば、最近ではコメント機能があるSNS（特に、X（旧Twitter））などに書いておくと、思わぬ人から思わぬコメントがあるなど反応が得られることもあります。そこでいわば「小さな対話」が起これば、自分が感じたことへの理解がより深まることがあります。

アウトプットする際の留意点としては、自分の感情や意見を、きれいで整った言葉にする必要はまったくないということです。一言、1行、1枚といった最小単位をゆるく決めておいて、無理のない範囲の作業にしていくと、続けやすいです。ふと気づいたときに毎日のようにメモを繰り返していると、いざなんらかのインサイトが必要になったときに、それまでに書き溜められた自分の「気づきや違和感」を振り返ることができます。その中には結構使えるものがあったり、予想外に役立つ発見があったりします。

書き出すことが億劫であれば、例えば読んでいる本の気になったところに線を引いておく、といったことでもよいでしょう。1冊の本を読み終わったときに、線を引いた部分だけを見直すと、まるで、自分が言語化したことのように、内容を理解できている感覚になると思います。

トレーニング
B

図で整理して〝自分なり〟に考える「ヒット商品なぜなぜトレーニング」

これは、先ほどのプロたちの言葉にあったように「ヒット商品（サービスや流行も含む）」が、なぜヒットしたのかを〝自分なりに〟考える、というトレーニングです。考えるポイントとしては、**①Goal（新しい世界）**、**②Before（以前の常識）**、**③Trend（背景や流行）**、**④What to do（何をしたか？）**の4段階の順番で整理して考え、書き出していくとよいでしょう。

①**Goal（新しい世界）**　その商品がヒットしたことで、どのような人に、どんな新しい満足感や気持ち、体験、状況などが生まれたのか？

②**Before（以前の常識）**　その商品がヒットする以前の世界では、どんな悩みや不満や常識、定説があったのか？

③**Trend（背景や流行）**　その商品がヒットした時代や社会を大きな視点で見ると、どのような風潮や雰囲気、傾向などがあったのか？

④**What to do（何をしたか？）**　要するに、何をしたことで、BeforeからGoalへの変化が可

能となったのか？

これを図5－1のような図にしてみることで、単に言葉にするよりも構造的／俯瞰的に、ヒット商品がなぜ売れたかの要因を整理して考えられます。

先ほどの第3章での『スマドリバー渋谷』の例で考えてみましょう。

①Goal：飲めない人でも、お酒を飲んだような特別な気分が体験できた
②Before：飲めない人は、お酒の場を飲める人のようには楽しめていなかった
③Trend：多様性の重要性やマイノリティーの意見を聞くことが大事だという風潮
④What to do：飲めない人と飲める人が、お酒の度数に関係なく、一緒に楽しめる場ができたこと

このとき、「出世魚モデル」で言うと、左側のBeforeの部分が「常識／定説」や「疑問／問い」を設定するときのヒントに、右側のGoalの部分が、「仮説／推論」を言語化していくときのヒントになる感じがわかるかと思います。

「逆説モデル」で言えば、左側のBeforeが、前半の「みんな／世の中は、○○だと思っている

図5−1『スマドリバー渋谷』の事例分析

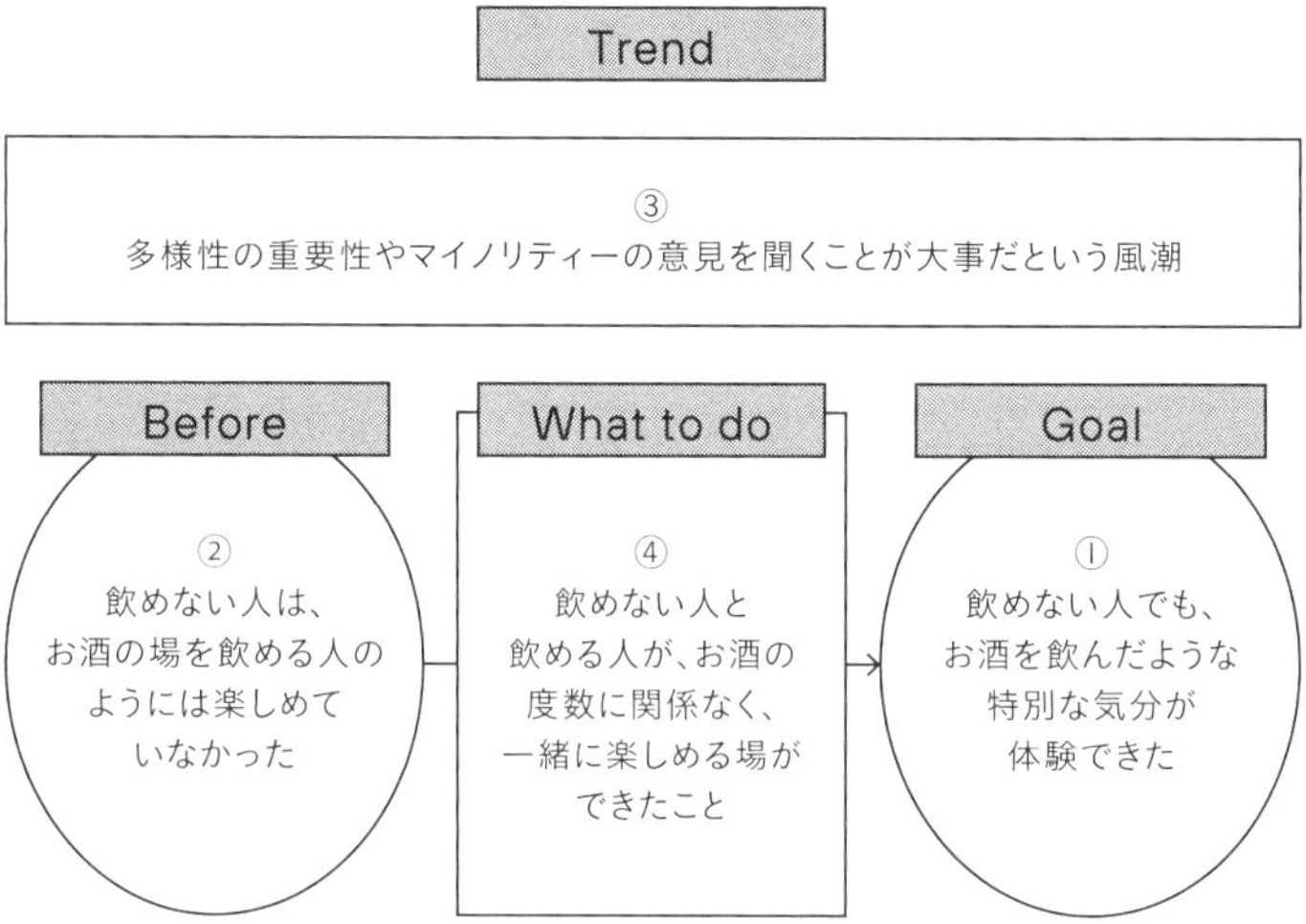

かもしれないけれど（『常識／定説』）」のヒントに、右側のGoalが、後半の「実は／本当は、■■なのではないか？と自分は思う（『仮説／推論』）」のヒントになります。

つまり、自分が気になったヒットした商品を題材に、そのヒット商品によって実現された①Goal（＝新しい世界）と、そのヒット商品がなかった②Before（＝以前の常識）を考えてみることで、「出世魚モデル」や「逆説モデル」に近い思考プロセスが追体験できるでしょう。

ただし、この図の①、②④は、目に見える世界や事実の変化、実施されたことを整理しているだけなので、この図に記入しただけではインサイトが見つかることはありません。

インサイトは〝隠れたホンネ〟なので、これらの①Goal（＝新しい世界）、②Before（＝以前の世界）、④What to do（＝何をしたか？）の中に、人間のどのような〝気持ち〟があるのかを考えてみてください。いきなり「出世魚モデル」や「逆説モデル」で考えてみても、うまくいかなかったら、まずはこの図を埋めてみることから始めてみてもよいかもしれません。

また、この①〜④は、必ずしもこの順番に埋める必要はありません。埋められるところから埋めていき、すべてを埋められたら、①〜④の整合性をチェックして、再度①〜④を、よりしっくりくるものに書き換えていくと、より深く考えるトレーニングになります。

世の中の多くのヒット商品は、もれなくこの構造で分析できます。あなたの気になるその商品がなぜヒットしたのか？、そこには一体、どんな「インサイト」＝人を動かす隠れたホンネがあったのか？を探りたいときは、以上のような手順を参考にしてみてください。

トレーニング
C

気軽な「対話」でクオリティを高める「チャットでなぜなぜトレーニング」

「インサイト」を見つけるためには「対話」が重要だと述べましたが、現代社会に生きる多忙なみなさんにとっては、同じ時間、同じ場所に集まって「対話」するということが少し難しくなってきている場合もあるかもしれません。

そんなとき、SNSやビジネスツールの「チャット」を利用することで、リアルな対話よりも、より効率的に「インサイト」にたどり着くことができます。中には、直接対話したほうが、より深い情報交換ができ、クオリティも満足感も高い「インサイト」が見つかると思っている方もいらっしゃるかと思います。

しかし、インサイトを見つけるための「対話」は、必ずしも時間をたくさんかければよいわけではありませんし、たった5分の何気ないやりとり、極端に言えば、たった一言のコミュニケーションでも、「まさにソレ！」と思えるインサイトが見つかることもあります。反対に、何時間、何日かけても、「まさにソレ！」にいきつかないこともしばしばあります（そのような状況が生まれることは避けたい、というのが本書を通じての趣旨ですが……）。

したがって、時間も場所も自由に、ふと思いついたときに気軽にコメントができる「チャット」を活用するほうが、〝逆に〟効率的なのです。

この他にも、チャットを利用したほうがよい理由は3つあります。

①気づきや違和感、疑いへの「共感」
②多様な視点の「関連付け」
③自分の中から出てこない言葉での「言語化」

①気づきや違和感、疑いへの「共感」

「気づき／違和感」というものは、そもそもその性質的に非常に発言しにくいものです。なぜなら、「常識／定説」とは異なるものである可能性が多分にあるからです。「こんなことを思っているなんて知られたらどうしよう？」「変だと思われないか？」「自分だけなんじゃないか？」という気持ちがあることが多いので、なかなか口に出して言いにくいのです。

しかし、発言のハードルが低い「チャット」であれば、「気づき／違和感」を、気軽にコメントすることができます。さらにチャットのメンバーは、誰かがチャットに書き込んだ「気づき／違和感」に対して、「自分も同じことを思っていた」「実は自分も違和感を抱いていた」とコメントをしたり、もしくは「いいね！」のようなボタンを押したりして、積極的になんらかのリアクションを取ることができます。

書き込んだ側にとっても、自分の発見した気づきや違和感に対する「共感」を得られると、「実は自分だけが思っていることではないのかもしれない」という感触を得ることができます。この「共感」が生まれると、あなたの気づきや違和感は、この先にインサイトに育っていきやすくなるのです。

こうした些細な気づきや違和感を共有できるのは、年齢や立場を問わず、取るに足らないようなことでも気軽に投稿できるチャットならではだと思います。

②多様な視点の「関連づけ」

次に②ですが、「チャット」では、出てきた多様な意見を「関連づけ」しやすい、ということです。『欲望とインサイト』（坂井直樹・四方宏明著）の中で、本書でも第1章で紹介したチンパンジーの「インサイト学習」実験（ケーラー　40ページ）に触れながら、インサイト探索における「関連づけ」の重要性について次のように書いてあります。

発見行動からインサイトに行き着くには大切なことがある。それは関連づけることだ。インサイト学習での諸情報の統合である。チンパンジーの場合は、天井から吊られたバナナと箱をつなぐことで一気に箱を積み上げるというインサイトに行き着いた。つまり、観察を続けても、データを収集しても、いろいろな人と話し続けても、関連づけることができなければ、インサイトは生まれないのだ。

（『欲望とインサイト』坂井直樹・四方宏明著　スピーディ　36ページより引用）

アインシュタインも創造的思考を「組み合わせの遊び」と言っていますし、『イノベーションのDNA』（クレイトン・クリステンセン他著　櫻井祐子訳　翔泳社）でも、破壊的イノベーターのスキルの一つとして「関連づける力（Associating）」が挙げられています。

いろんな人と話したり、チャットしたりする中で、他の人が気づかないような「意外な組み合わせ」がないか、絶えず探っていると、インサイトに近づくことができるでしょう。

特に、チャットは、発言のログが自動的に残ります。インサイト探索では、このログが単に「記録」という以上の価値を後々に発揮することがあります。インサイトに関する「対話」は、直線的でロジカルな議論にはならないことが多いので、「そういえば以前あの人がコメントしていたけど、あまり理解されずにスルーされたアレって、実は今この人が言っていることに近いのでは？」というようなことがしばしば起こります。そのときに、過去のコメントログが残っていると、遡《さかのぼ》って拾いやすいのです。つまり、コメント同士の「関連性」を発見しやすいのです。

③自分の中から出てこない言葉での「言語化」

そして、③ですが、第2章（142ページ）の「言語化」の箇所で見たように、自分の中やＡＩなどのある種「閉じた言語世界」では決して出てこないような「一見、似ているようだけど違う言葉」がチャットの参加者の多様な視点や、チャット上での議論の進展によって「ふと突然出てくる」ということです。また、先ほど述べたように「チャットにログが残る」ことによって、それまで見逃していた議論の冒頭に出ていた「あの一言」が、実はインサイトに一番近い言葉だった、と掘り返すことができる場合もあるのです。

以上のように、「インサイト」を見つける作業と「チャット」は非常に相性が良いので、ぜひ組み合わせて活用してみてください。

図5−2　関連づけを考える

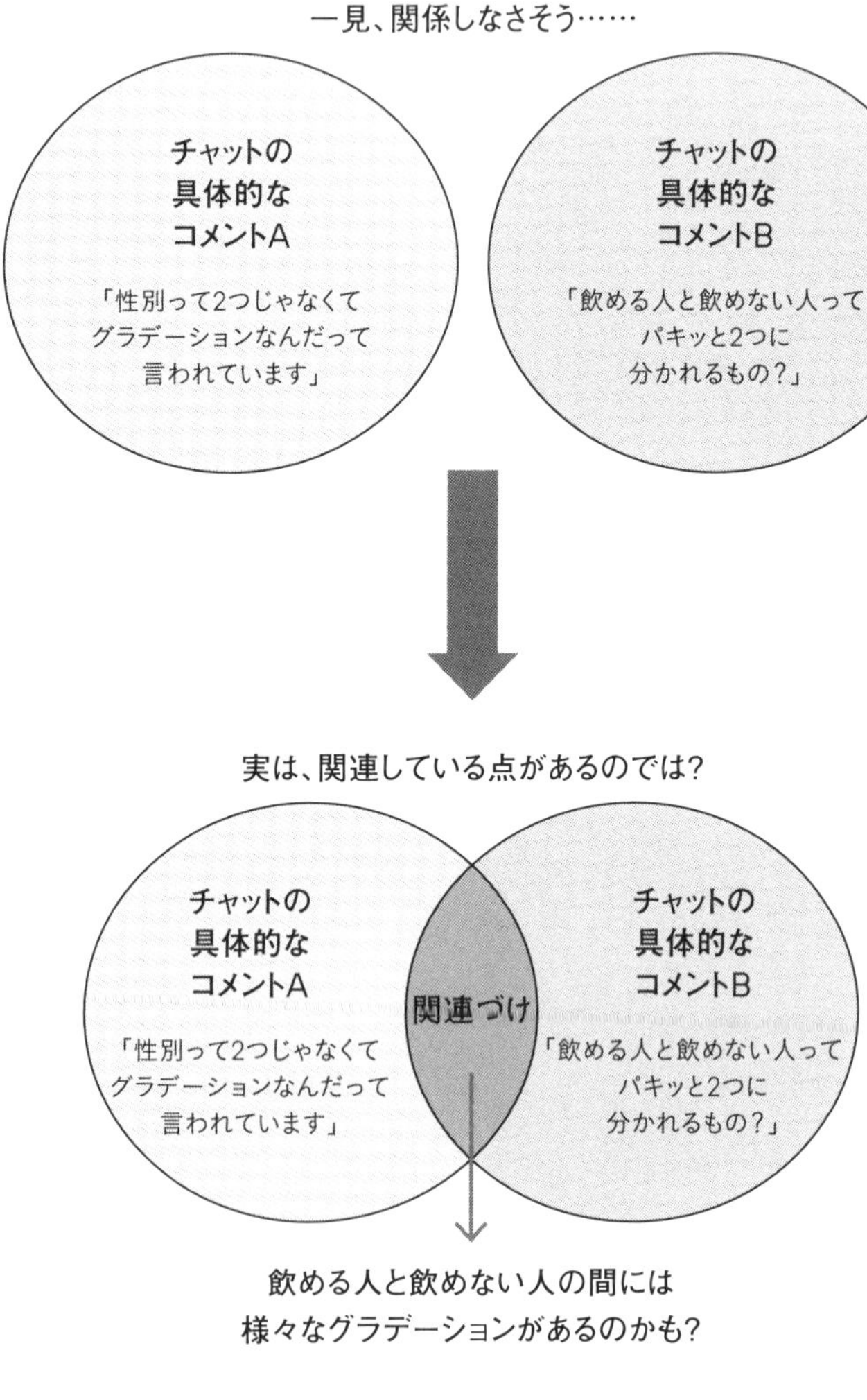
一見、関係しなさそう……
チャットの
具体的な
コメントA
「性別って2つじゃなくて
グラデーションなんだって
言われています」
チャットの
具体的な
コメントB
「飲める人と飲めない人って
パキッと2つに
分かれるもの？」
実は、関連している点があるのでは？
チャットの
具体的な
コメントA
「性別って2つじゃなくて
グラデーションなんだって
言われています」
関連づけ
チャットの
具体的な
コメントB
「飲める人と飲めない人って
パキッと2つに
分かれるもの？」
飲める人と飲めない人の間には
様々なグラデーションがあるのかも？

トレーニング

D

行き詰まったときは「とにかく自分で体験してみるトレーニング」

インサイト探索の「気づき／違和感」を、意図的かつ強制的に発生させるのに簡単な手段があります。もし、とある商品やサービスのインサイトを探しているのであれば、「実際に自分でも使ってみる」ということです。当然ですが、自分の頭の中の言葉だけで考えていても、もしくは、他人が言っている言葉だけを追っていても、見えてこないことはたくさんあります。とやかく考えてみる前に、行き詰まったときは、まずは自分自身で実際に体験してみましょう。そうすると、体験する前に自分が無意識的に抱いていた「常識／定説」に対する「気づき／違和感」を大なり小なり感じられることが多いのです。

このトレーニングを実践する際のポイントは、「使ってみる」と言っても、単に商品やサービスを「まさに使っている時間」だけを対象とするのではなく、「使ってみる」前後の一連の体験を含めて意識的に観察してみることです。具体的には、次のような体験が考えられます。

①商品やサービスについて「自分自身」で〝調べてみる〟
②売り場やサイトで「自分自身」で〝買ってみる〟
③購入した商品を「自分自身」で〝使ってみる〟
④使った商品を「自分自身」で〝保有／保存／処分してみる〟
⑤上記①～④の一連の体験をまわりに〝話してみる〟

これらを実際に体験してみて、心に湧いた「気づき／違和感」を探ってみましょう。順に説明していきます。

①商品やサービスについて「自分自身」で〝調べてみる〟

まず、商品やサービスについて、①〝調べてみる〟ことから意識してみてください。そうすると、「そもそも商品やサービスについて知りたい情報はどこを見れば載っているのか？」「誰に聞けばいいのか？」「どんなことが言われているのか？」「すでに使っている人はどう言っているのか？」など、一言で〝調べる〟と言っても、様々な場所や角度から情報を調べる体験が発生することがわかると思います。そうすると思っていたよりも、そもそも知りたい情報が手に入りにくいとか、使っている人が少なくて信用できる情報が手に入らないとか、実際の大きさや質感や重さがイメージできないのが不安とか、いろんな場面での「気づき／違和感」が得られることが実感できるでしょう。

②売り場やサイトで「自分自身」で〝買ってみる〟

②の〝買ってみる〟も、とても重要です。自社商品・サービスの場合は無料でもらえたり、会社で割引購入できたりすることも多いので、お店に足を運ぶ機会がないということもよくあります。「化粧品を担当しているけれど、自分は化粧品を使わない」とか、「身近に子どもがいないけれど、子どものおもちゃの担当になった」といったように、自分自身が購入する機会がないカテゴリーの商品を仕事で扱うことになったということもよくあるでしょう。ただ、自分自身が「買う」ことを一度もしていない商品は、必ずなんらかの見落としがあります。

実際に店頭に足を運んだり、お金を出す検討をしてみたりということを体験することで、顧客から自社の商品がどう見えているのか、競合と比べてどうか、といったことに気がつくことができます。

商品に無関心だったところから、お金を出してみようと考える（その先、使ってみてファンになり、リピーターになる）といった、顧客の態度変容の過程を一通り自分で経験してみることで、ターゲットの気持ちが移り変わる様子がリアルに見えてきます。

実際に買ってみることによって、自社の商品・サービスが思っていたよりも、ちょっと高い・安いとか、まずは買わずに試してみたいとか、この用途でこのタイミング・瞬間で買いたい気分になる・買いたい気分にならないとか、この場所で買いたくなる・買いたくないとか、そしてそのチャンスをうまく捉えられているのか、それとも逃しているのかなど、「価格」や「用途」「タイミング」「モーメント」「購入場所」などに関しても、「気づき／違和感」を得られます。

③購入した商品を「自分自身」で〝使ってみる〟

そして、メインの③〝使ってみる〟です。実際に使ってみることで、便利さや不便利さ、重さ、大きさ、質感、匂い、存在感、などあらゆる「非言語的」な身体経由の「気づき／違和感」を感じられます。

例えば、「瓶のフタが開けづらい」との一般的な意見があった場合、実際に自分で試してみることで、どれくらいの力を入れれば開けられるものなのか（開ける際に必要な力の大きさ）、成人男性と比べて高齢者や女性が開けにくいかどうか、フタの材質が滑るために開けにくいのか、フタが小さくて持ちにくいのか、あるいは特定の温度や湿度で開けにくさが増すのかなど、様々な要因や状況を具体的に理解できます。一言で、「瓶のフタが開けづらい」と言われていたことも、自分自身で体験してみると、より具体的でリアルな、思っていたのと違った「気づき／違和感」があるのです。

④使った商品を「自分自身」で〝保有／保存／処分してみる〟

④の〝保有／保存／処分してみる〟ですが、商品の機能的な差別化が難しくなっている昨今では、重要な「気づき／違和感」を得られる可能性がある体験です。例えば、使うとすごく便利だけれど、実際に保有してみたら置き場所がなかったとか、使う頻度の割にサイズが大きいので邪魔に感じるとか、思った以上に存在感があったり、美的に目障りになってきたりするなど、商品やサービスの直接的な機能以外のところでの「気づき／違和感」が発生することもあります。また、環境意識が高くなっている最近では特に、「ゴミになる」とか「もったいない」「分別しにくい」「処分にお金がかかる」、もしくは「ネットのフリマに出しにくい」などなど、使用後の処分のときになってはじめて、思っていたものと違ったという「気づき／違和感」が生まれることもあります。

⑤上記①〜④の一連の体験をまわりに〝話してみる〟

最後に、⑤〝話してみる〟では、上記の①〜④の一連の体験を、仕事仲間でもご家族でも友人でも誰でもいいので、周囲の誰かに話してみましょう。あえて人に話す機会を持つことで、自分の体験から得られた「気づき／違和感」を、自然な言葉として言語化することができます。逆に、いまいち的確な言葉にしづらいことや、恥ずかしかったりして人には言いづらいことなども、話そうとすることでわかってきます。

例えば、最近だとメタバースのような、今までほとんどの人が体験してこなかった新しい体験は、その初めての感覚や感情を言葉にする機会もこれまでなかったと思いますので、人に話すことで少しずつ自分が感じたことが明確な言葉になってくることでしょう。

また、医薬品などは自分の病気など極めてプライベートな情報に関することでもあるので、どのような部分までは人に話せて、どのような部分は人に話しづらいのかなどの「気づき／違和感」を得ることができます。

人に話すことで、もちろん相手の反応がわかります。一連の体験で自分が抱いた「気づき／違和感」に対して、まわりの人がすごく共感してくれたこととか、実は相手も言えなかったけど同じことを思っていたことなどは、インサイトへと成長していく卵かもしれません。

逆に、自分の「気づき／違和感」が、まったく誰からも共感を得られないこともあり得ます。はたまた、一部の人には高い共感を得られたが、それ以外の人には、まったく相手にされなかったというようなこともあり得ます。それらも貴重な気づきにつながるものですので、同じ体験でも、意図的に立場や価値観の異なる人に話してみるということも非常に有効です。

自分自身の体験を人に話してみる「対話」の中で「つまり、それってこういうこと？」というように、自分の中にはなかったけれど、自分の感覚にピタッとハマる的確な言葉を、他人が出してくれる、つまりは「言語化」してくれることもあります。自分自身の体験を積極的に人に話してみると、「気づき／違和感」がインサイトへと育っていく成功確率が高まるのです。

トレーニング
E

言語化力が9割「似て非なる言葉探しトレーニング」

第2章（145ページ）で、インサイト探索は「言語化力」が9割、と述べましたが、言語化力は一朝一夕で高められるものではありません。したがって、いざというときに「言語化力」を発揮できるように日頃から鍛える習慣を取り入れておくとよいかもしれません。

ここで一つ注意点としては、「言語化力」とは、単にいろんな言葉を知っているとか装飾的なレトリックがうまいといったことよりも、「自分の主張や想いや気持ちを表現するときに、どれだけ的確な言葉を選べるか」ということのほうが大事だということです。

このような「言語化力」をつけるのに有効なのが「似て非なる言葉探し」です。第2章（147ページ）で、インサイト探索においては「類義語」の「わずかなズレ（違い）」を認識することが非常に大切だと説明しましたが、まさにこの「わずかなズレ」を捉えられるようにしようというトレーニングです。具体的には、日ごろの暮らしや、文章を読み書きするときに、「似ているようで違う」言葉に遭遇したら、それをそのまま流さずに、その都度しっかりと考えてみましょ

図5–3　「高級」と「贅沢」の違いを考える

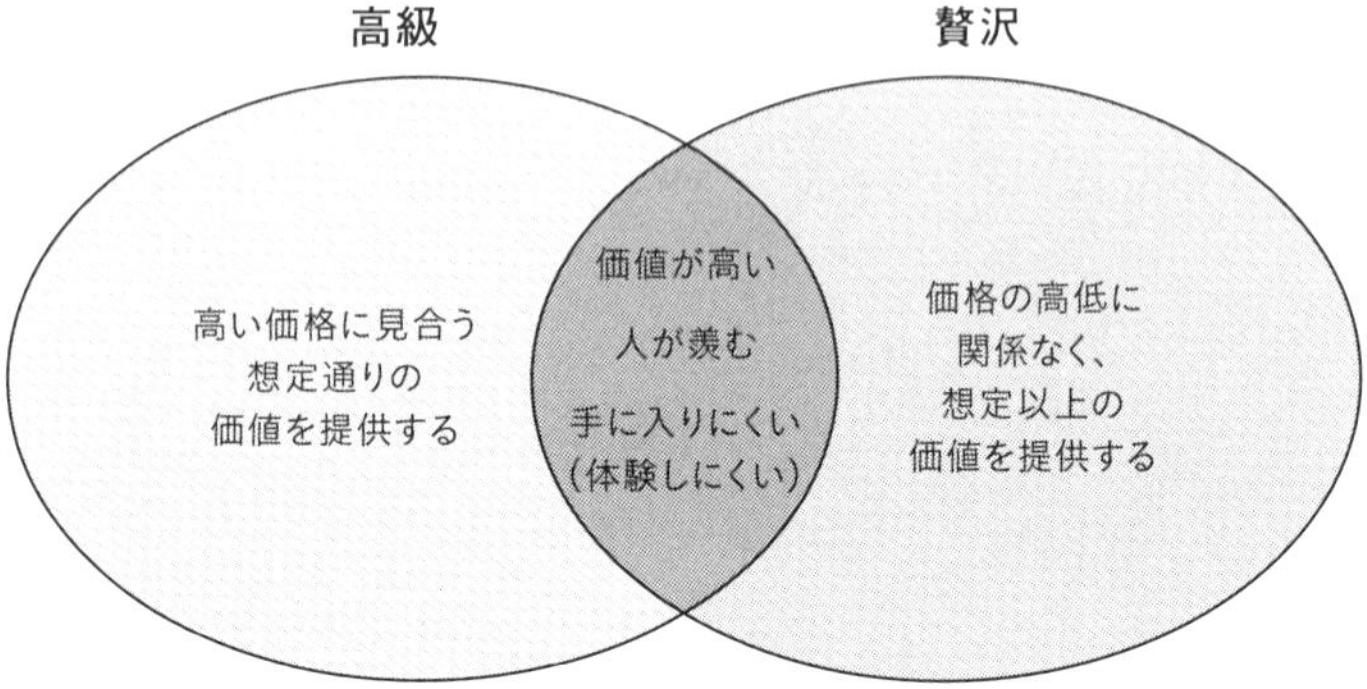
高級
贅沢
高い価格に見合う
想定通りの
価値を提供する
価値が高い
人が羨む
手に入りにくい
（体験しにくい）
価格の高低に
関係なく、
想定以上の
価値を提供する

う。

第2章（147ページ）でも例に挙げたように「似て非なる言葉」には、「評価と評判」「知識と知恵」「高級と贅沢」のようなものがありますが、みなさんもよく見かける上図のような「ベン図」を使ってみると考えやすいでしょう。「似て非なる」とは「共通に含まれている意味」と「片方にしか含まれていない意味」があるということです。ベン図のそれぞれの円を、片方の言葉の意味のカタマリだとすると、2つの円が重なる部分が「共通に含まれている意味」で、円が重なっていない部分が「片方にしか含まれていない意味」です。

例えば、「高級と贅沢」では、どちらも「価値がある」「人が羨む」「手に入りにくい（体験しにくい）」などが共通部分だと言えます。次に「高級だけれども、贅沢とは言えない部分」もしくは「贅沢だけれども、高級とは言えない部分」について、考えやすいほうから考えてみましょう。

具体的な場面やシーンから思い浮かべると考えやすいのですが、まずは「贅沢」だと感じたことを思い返してみましょう。

例えば、偶然見つけた、人がまったくいないビーチにタイミング良く虹がかかっていて、そこで自分が挽いたコーヒーをゆっくりと飲む、といったことは「価値があり」「人が羨む」「手に入りにくい(体験しにくい)」ことであり「贅沢」ではありますが、「高級」とは言い切れません。なぜ、「高級」とは言い切れないのでしょうか？　それはおそらく「高いお金をかけなくても、体験できること」という側面があるからです。これが、「贅沢だけれども、高級と言えない部分」です。

一方で、「高級だけれども、贅沢とは言えない部分」を考えてみましょう。これは、例えば「有名ブランドの高級バッグ」などはそう言えるかもしれません。確かに、「価値があり」「人が羨む」こともあるかもしれませんし、「(高級であるがゆえに高価格で)手に入りにくい」側面もあるでしょう。しかし、有名ブランドの流通量が多いものであれば、高級バッグは高いお金さえ払えば誰でもいつでも買うことができますし、世の中には同じ品番のバッグがたくさんあるので、必ずしも「贅沢」とは言えないでしょう。

つまり、「高級だけれども、贅沢とは言えない部分」は、「高い価格に見合う想定通りの価値を提供する」ことと言えます。そして「贅沢だけれども、高級とは言えない部分」は、「価格の高低に関係なく、想定以上の価値を提供する」ことだと言えるかもしれません。「高級と贅沢」の違いはこれだけではないでしょうが、「似て非なる言葉」と出会ったときは、以上のような感じで考えてみると、インサイト探索に必要な「言語化力」が身についていきます。

以上のような5つのトレーニングを日頃から、心がけていると、いざインサイトを探す必要が出てきたときに、いち早く優れたインサイトを見つけるための基礎力を磨くことができるでしょう。ぜひ、日頃の暮らしの中に取り入れてみてください。

第 6 章

「インサイト」を使うときに本当に大切なこと

インサイトを扱うときの注意点

この章では、普段、インサイトを扱う中で疑問に思うことや、よく寄せられる質問についてお答えしていきます。

- **インサイトとアイデア／コンセプト／イノベーションなどの関係性は?**
- **データを扱っていると、ときどきインサイトって言われるけれど?**
- **デジタル社会の中で、インサイトってどう役立つの?**

インサイトとアイデア／コンセプト／イノベーションなどとの関係性は？

インサイトだけでは儲からない

これまで、画期的なアイデアや解決策を思いつくためには、優れたインサイトが大切だ、と言ってきましたが、ここでは、まずインサイトとアイデアの関係性を説明します。

「アイデア」は、世の中では大小様々なレベルで広範囲に使われることも多い言葉ですが、本書では「インサイト」と「アイデア」の関係性を明確にするために、特に、「具体的な施策のアイデア」のことを「アイデア」と呼ぶことにします。

224ページのインタビューにもありましたが、よく「インサイトだけでは、儲からない」と言われます。確かにその通りで、「人を動かす隠れたホンネ」というインサイトを明らかにするだけでなく、それを踏まえて、最終的に自分の望むように人を動かすことがゴールです。インサイトを踏まえて人を動かすには、大きく2つの方法があります。

①インサイトをそのまま表現して伝えるだけで、人が動く場合

②①だけでは人が動かないので、インサイトを踏まえて「提供価値」を考えてから、人が動く「アイデア」を発想する場合

「言ってほしい」を「言ってあげれば」相手は動く

まず①の場合について説明します。相手やターゲットの中に、現状をどうにかしたい気持ちが強く、「言ってほしい」を「言ってあげれば」相手が動く場合です。このようなときは、特別な「アイデア」が必要ではありません。つまり、本人はモヤモヤしていて、なんとかしたいのだけれど、自分で言語化して自覚できていないため、何をしたらいいのかわからない状況にいます。そこで、その気持ちや欲望を、精緻に言語化されたインサイトとして指摘してあげれば、本人が何をすべきかを自分で理解し、自ら動き出すという場合です。

例えば、第1章の例のように、「■■は、○○さんのことが好きなんだよ」と言われて、はじめて自分の気持ちに気づいて、行動に移すようなときです。相手のことが気になって、モヤモヤ、ソワソワしているけれど、自分の気持ちがわからない、そんなときに、「隠れたホンネ」だと思える「○○さんのことが好き」だという気持ちをストレートに指摘されただけで、自分の相手に対するスタンスが明確になります。つまり、「言ってほしい」を「言ってくれた」ことで、行動しやすくなるということです。

「はじめに」のコカ・コーラの例でも、「突然、無性に飲みたくなる」というインサイトがありましたが、これも「言ってほしい」を「言ってもらった」ことで、ターゲットが動いた事例です。コカ・コーラという商品に普段親しんでいる中で、「暑いとき」や「ハンバーガーを食べたとき」にも確かに飲みたくはなるけれど、そのようなタイミングではなくても、なんとなく飲みたいときがある(言葉にできないけれど)。そのモヤモヤした気持ちや欲望を「コカ・コーラは、突然、無性に、どうしても、飲みたくなる『強い衝動』を感じるときがある。」という言語化されたインサイトにして、「No Reason. ココロが求めてる。」というキャッチコピーにしました。つまり、「言ってほしい」ことを「言ってあげた」ので、多くの人を動かすことができたのです。

これらのような場合は、インサイトからアイデアを発想する、というよりも、インサイトを

図6−1　インサイトと提供価値とアイデア

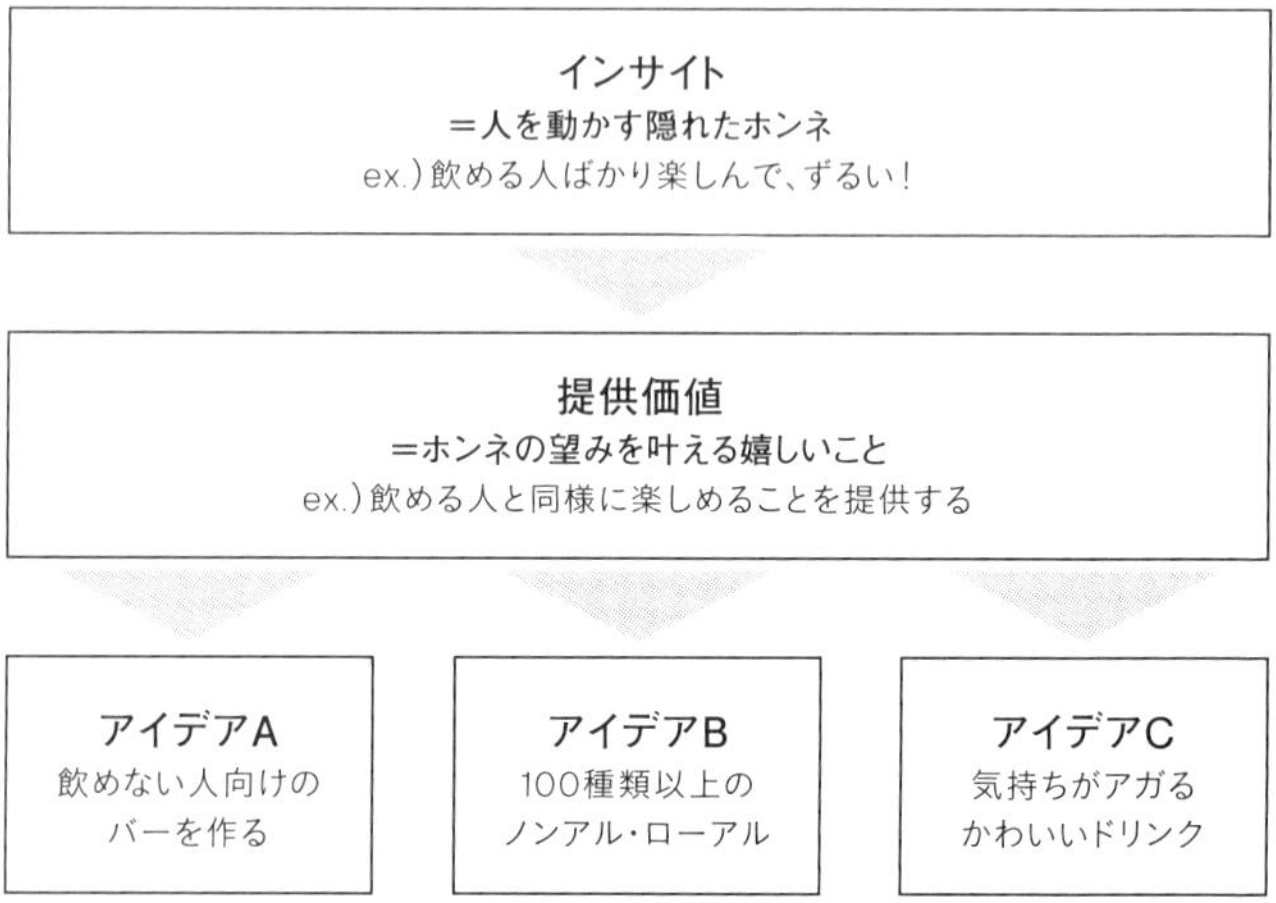
インサイト
＝人を動かす隠れたホンネ
ex.）飲める人ばかり楽しんで、ずるい！
提供価値
＝ホンネの望みを叶える嬉しいこと
ex.）飲める人と同様に楽しめることを提供する
アイデアA
飲めない人向けの
バーを作る
アイデアB
100種類以上の
ノンアル・ローアル
アイデアC
気持ちがアガる
かわいいドリンク

そのまま表現したり、言い換えたりすること自体が、具体的なアイデアの代わりを果たしています。

一方で、「言ってほしい」ことを「言ってあげた」だけでは、相手が動かない場合もあります。むしろ、一般的な広告やマーケティングなどのビジネスの場においては、こちらのケースがほとんどです。つまり①のように、インサイトを伝えるだけでなく、その「隠れたホンネ」を踏まえて、相手やターゲットのホンネの望みを叶えるためには、どんな価値や嬉しいことを提供できるのか？と、そこまでを考えないといけないときです。

このときは、インサイトを踏まえてどんな価値を提供するのか？を明確にします。そして、その「提供価値」を実現する現実的で具体的な方法を「アイデア」と本書では呼ぶことにします。

例えば、第3章の『スマドリバー渋谷』の場合は、「飲める人ばかり楽しんで、ずるい！」がインサイトでした。この場合、ターゲットにこのインサイトを伝えただけでは、強く共感はしてくれたとしても、自分がどのように動けばいいのか?、自分にどんないいことがあるのか？までは伝わらないので、ターゲットが動きそうにはありません。

このときに「飲める人ばかり楽しんで、ずるい！」と思っている人たちにどんな価値を提供すれば、動いてもらえるでしょうか？　それは「飲める人ばかり楽しんで、ずるい！　だから、飲めない人であっても、飲める人と同様に楽しめることを提供する」ということです。これが、インサイトを踏まえた「提供価値」です。

このような提供価値がはっきりすれば、スマドリバーでの事例のように「飲めない人向けのバーを作る」とか「飲める人と同様にドリンク選びを楽しめるように、100種類以上のノンアル、ローアルコールをメニューに用意する」とか「気持ちがアガる見かけのかわいいドリンクを作る」といったような、ホンネの望みを叶える嬉しいことを実現するたくさんの「アイデア」が出てきます。

また、第4章でのバーミキュラの例では、逆説モデルで、次のように表現しました。

みんな／世の中は、
「バーミキュラは、競合ブランドAや競合ブランドBなどに類似した三番手の鋳物ホーロー鍋、と思っているかもしれない」が、
実は／本当は、
「使い手自身はもちろん、その家族の暮らしやライフスタイルさえもガラリと変えてしまうような画期的な鍋だ」
と自分は思う。

これを、生活者視点のインサイトとして端的に短くまとめると、「暮らしやライフスタイルを上質なものに変えたい」ということになります。このインサイトを踏まえると「(バーミキュラを購入すると)確かに、ライフスタイルが上質なものに変わりそうと思える」が、ホンネの望みを叶える「提供価値」になります。

そうすると、「『手料理と、生きよう。』というブランドスローガン開発」や「上質なライフスタイルをイメージさせるビジュアル制作」「オリジナルのレシピブック&レシピアプリの開発」といったような「アイデア」が自ずから出てきます。

図6−2　バーミキュラの例

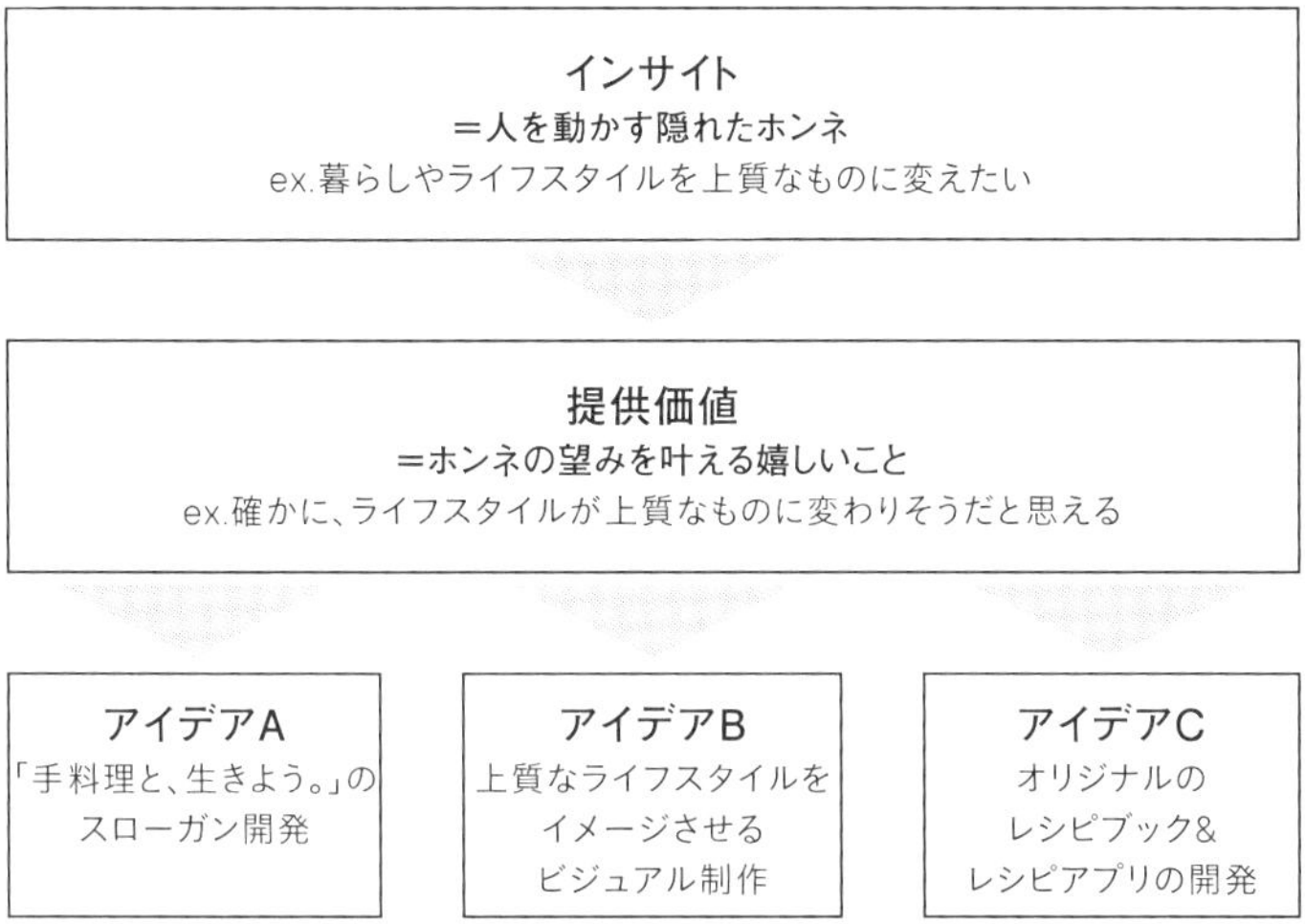
インサイト
＝人を動かす隠れたホンネ
ex.暮らしやライフスタイルを上質なものに変えたい
提供価値
＝ホンネの望みを叶える嬉しいこと
ex.確かに、ライフスタイルが上質なものに変わりそうだと思える
アイデアA
「手料理と、生きよう。」のスローガン開発
アイデアB
上質なライフスタイルをイメージさせるビジュアル制作
アイデアC
オリジナルのレシピブック&レシピアプリの開発

以上のような流れで、まずはインサイトを踏まえた「提供価値」を考え、次にその価値を提供する具体的な「アイデア」を考えます。図6－2のように、すごくシンプルな流れになっています。

これはひとえに「インサイト」が的確だからです。ここで、インサイトが「人を動かす隠れたホンネ」になっていないと、「提供価値」もホンネの望みを叶えないものになり、その先の「アイデア」も、あなたが望むように人を動かすものになりません。

「良いアイデアが思い浮かばない！」「良いと思ったアイデアだったけど、やってみるとうまくいかなかった」という方は、おそらく、精緻な言葉でインサイトを表現できていないため、その先の「提供価値」や「アイデア」が、問題を解決しない斜めの方向にいってしまっているかもしれません。

いきなり闇雲にアイデアを考えるのではなく、きちんとインサイトから考え始めれば、急がば回れというように、結果的にいち早く問題解決できるアイデアにたどり着ける可能性が高まるのではないでしょうか。

これが、本書で繰り返し言っているように、優れたインサイトがあれば一気に問題解決に至る良いアイデアが思い浮かぶ理由であり、インサイトとアイデアの関係性の構造的な説明になります。

・インサイトと新商品開発／新規事業開発／イノベーション

「アイデア」に関連した言葉として「新商品開発」や「新規事業開発」があります。先述のインサイトとアイデアの関係性を見ると、インサイトを踏まえて、「隠れたホンネ」の望みを叶える「提供価値」がわかれば、その価値を実現する一つのアイデアとして、新商品や新規事業といったものが考えられることがわかるのではないでしょうか。

また、もう一つ「アイデア」と似たような言葉として「イノベーション」があります。革新的な価値を創造する、という意味でよく使われる言葉です。この本でも何度か触れているピーター・ティールは、著書『ゼロ・トゥ・ワン』の中で、〝隠れた真実〟というインサイトとも言える発見こそが、新規事業の成功には最も大事だと繰り返し言っています。その中から、いくつか印象的な発言を見てみましょう。

○偉大な企業は、目の前にあるのに誰も気づかない世の中の真実を土台に築かれる。
○秘密を探すべき最良の場所は、ほかに誰も見ていない場所だ。
○賛成する人がいない、大切な真実とは何か？

いずれも、「誰も気づかない」「誰も見ていない」「賛成する人がいない」という、いわば常識の〝裏側〟に隠れていることへの気づきや違和感の中に、ピーター・ティールの言う「真実」が隠れているのかもしれません。インサイトはマーケティングや広告のみならず、イノベーションと言われる革新的な新商品や新規事業の創造にも必須な要素のようです。

・インサイトとコンセプト／課題／問題

インサイトからアイデアを考えるプロセスでは「コンセプト」や「課題」というような言葉もよく聞かれます。『コンセプトの教科書』（細田高広著　ダイヤモンド社）では、コンセプトとは「全体を貫く新しい視点」と定義されており、インサイトとコンセプトの関係性について、次のように述べています。

「インサイトとコンセプトはコインの裏表です。的を得たインサイトが見つかれば、自ずと裏側にコンセプトが見つかります。」

つまり、インサイトを見つけられれば、全体を貫く新しい視点（＝コンセプト）も見つかる、ということです。ここで、さらに本書でのインサイトの定義である「人を動かす隠れたホンネ」を付け加えて解釈するならば、「人を動かす隠れたホンネ」が見つかれば、自ずと「全体を貫く新しい視点」も見つかる、と言えるでしょう。そして、インサイトから生まれたその新しい視点＝「コンセプト」をもって、「提供価値」を考えるということです。いずれにせよ、新しい何かを作るためには、インサイトが極めて重要な役割を担っていると言えます。

また、「課題」という言葉もインサイトを探索したり、新しい何かを生み出そうとすると出てくることがよくあります。「課題」という言葉も、「アイデア」という言葉と同様に広い意味で使われ、人によって定義が異なることも多いです。

まず「課題」とよく混同されて使われることが多い「問題」という言葉との違いを説明させてください。

○「課題」：自ら設定する、実行すべきこと
○「問題」：発掘される、解消すべきこと

先になんらかの「問題」がすでに発掘されており、その問題の解消につながるだろう「課題」を自ら設定し、実行していく、という関係性になります。つまり、とある特定の「問題」の解消のために、何を「課題」と捉えてどんなことを実行するかは、人それぞれである程度の自由度があります。このときに、どのようなインサイト＝「隠れたホンネ」が見つけられるかどうかで、どんなことを「課題」として設定するかが大きく変わります。

つまり、「課題」とは、「問題」の解消のために〝自分なりに〟、インサイト＝「隠れたホンネ」を踏まえて、そのホンネの望みを叶える嬉しいことを考え〝実行〟する、ということです。すなわち、「課題」とは、「インサイトを探索して、提供価値を考えること」とほぼ同意です。

以上より、インサイトを踏まえた上での、「提供価値」「コンセプト」「課題」というのは、インサイトの先に新しいアイデアを生み出す上で密接に結びついたアプローチになります。各々の言葉に対する定義が人それぞれの場合もあるので、これらの言葉の関係性に唯一の正解があるわけではありません。ただ、あえて一つの思考プロセスの流れで、これらのアプローチを位

図6−3　インサイト、コンセプト、提供価値、課題、アイデアを整理する

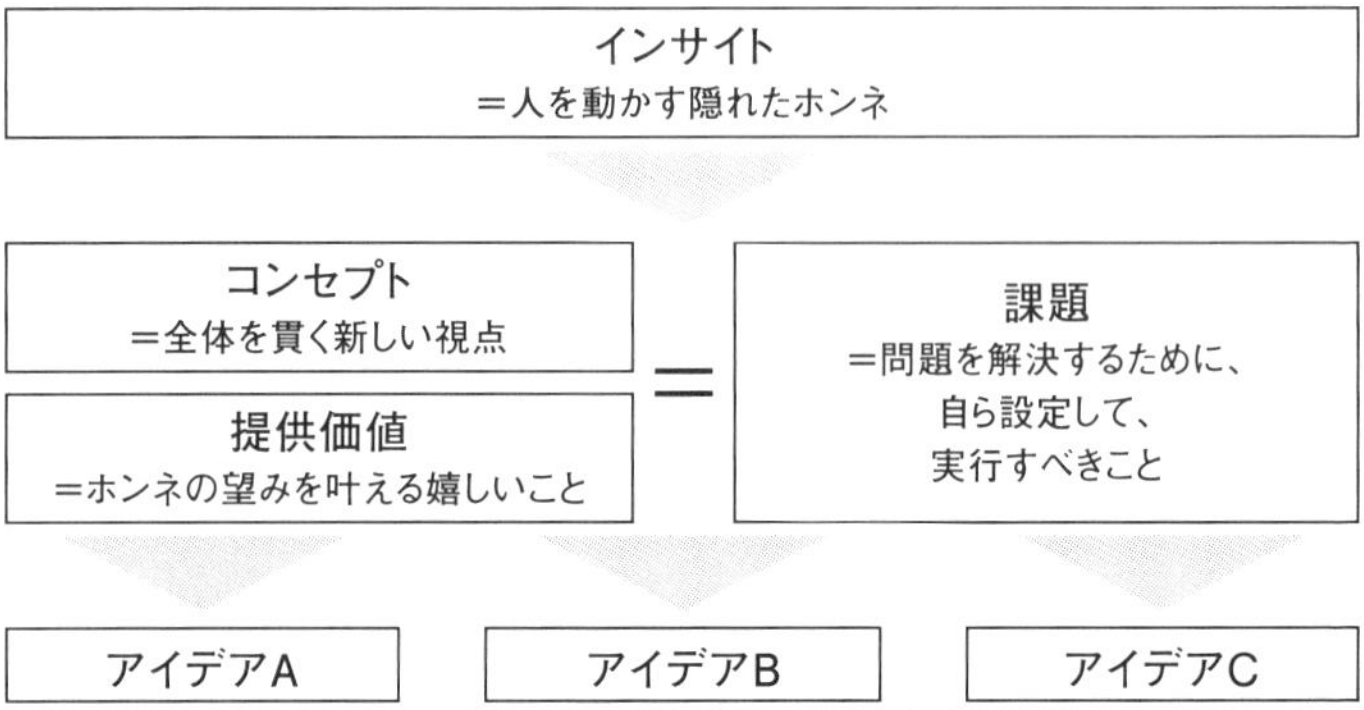
インサイト
＝人を動かす隠れたホンネ
コンセプト
＝全体を貫く新しい視点
提供価値
＝ホンネの望みを叶える嬉しいこと
＝
課題
＝問題を解決するために、
自ら設定して、
実行すべきこと
アイデアA
アイデアB
アイデアC

インサイト＝「人を動かす隠れたホンネ」を見つけて、
自分なりの新しい視点＝「コンセプト」で、「問題」を捉え直し、
そのホンネの望みを叶える嬉しいこと＝「提供価値」を考え
（＝自分なりに実行すべき「課題」を設定し）
その価値を実現する具体的で新しい「アイデア」を生み出す

置づけるならば、「人を動かす隠れたホンネ」たるインサイトを見つけて、自分なりの新しい視点＝「コンセプト」で、「問題」を捉え直し、そのホンネの望みを叶える嬉しいこと＝「提供価値」を考え（＝自分なりの実行すべき「課題」を設定し）、新しい「アイデア」を生み出す、というような関係性として、筆者は捉えています。本書では、インサイト探索の方法論をメインテーマに据えているため、「コンセプト」や「課題」にあえてこれ以上は踏み込みませんが、「インサイト」との関係性を考えると、図6－3のようになるのかもしれません。

データを扱っていると、ときどきインサイトって言われるけれど？

「データインサイト」で、再び注目され始めた「インサイト」

「インサイト」という言葉や考え方は、1980年代のイギリスの広告業界で使われ始め、日本でも2000年前後に広告業界やマーケティングの現場に本格的に導入されました。そして、ここ数年、より広い業界の様々な人が「インサイト」という言葉を使い始めています。その変化は「データインサイト」という言葉の登場に象徴されています。

みなさんもご存じのように、ビッグデータ技術の進展などによって、あらゆる領域で「データ」が大量に入手しやすくなり、以前より分析もしやすくなりました。そして、データから役に立つ情報を手に入れることが飛躍的に容易になり、多くのビジネスパーソンにとって、日常的にデータを取り扱うことが特別なことではなくなりました。そこで、あふれんばかりに、日々大量に蓄積し続けるデータを、もっと有用に使えないだろうか？ということで、注目され始めたのが「データインサイト」です。

「データインサイト」とは、「データ分析を通じて発見された、新しい視点」のことだと言われていますが、もっとシンプルに言うと「データから、インサイトを発見すること」だと言えます。本書では、インサイト＝「人を動かす隠れたホンネ」と定義しているので、「データインサイト」とは、「データから、人を動かす隠れたホンネを発見すること」だとも言えるでしょう。

ベースボールにデータ革命をもたらした「インサイト」

データはどんなものでも、きちんと解析されていれば、現実世界の一端を見せてくれるものですが、そこから「インサイト」を発見し、有用な「新たな視点」を見いだして「価値」を提供し、イノベーションを起こすのは、とても難しい作業です。どのようにしたら、データから「インサイト」を発見できるのでしょうか？　さらに、イノベーションへとつなげられるのでしょうか？

『マネー・ボール』（マイケル・ルイス著　中山宥訳　早川書房）というメジャーリーグで実際にあった話を題材として映画化された本に、データから新たな視点や価値、すなわち「インサイト」を見いだした非常に興味深い例があります。当時、MLB随一の貧乏球団であったオークランド・アスレチックスのゼネラルマネージャーのビリー・ビーンという人物が、野球というゲームの見方をかなり大胆に捉え直し、野球から得られるデータの価値を画期的に変えて、アスレチックスをプレーオフ常連の強豪チームに作り変えました。つまり、データから独自の「インサイト」を発見し、データを有用に使えるようにして、イノベーションを起こしたのです。

彼は「野球とは、点を多く取ったほうが勝つゲームである」という、従来の圧倒的な「常識／定説」を「野球はアウトにならない選手が多いほど負けないゲームである」と読み換えました。つまり、これまでの「チームの『平均打率』が当然、得点や勝敗に大きく影響しているのだ」という常識を覆し、「『出塁率（＝ヒットだろうと四球だろうと、とにかく〝アウト〟にならずに塁に出塁する確率）』こそが、より得点に大きく影響し、勝敗を大きく左右する」、という説[※1]に着目し、チームを作り変えようと考えました。そして、それまで選手の年棒には反映されていなかった四球の数が多いバッターを安い金額で獲得し、年俸の高いスター選手がいなくとも勝てるチームを作り上げたのです。[※2]

※1：データ好きの野球マニアのビル・ジェイムズが、1978年に『野球抄』という自費出版の小冊子で提唱し、その後、ディック・クレイマー、ピート・パーマー、サンディ・アルダーソン、エリック・ウォーカーらがまとめた考え方。後に、現在のMLBでも重視されているOPS（出塁率＋長打率）へとつながる。

※2：『週刊だえん問答　コロナの迷宮』（若林恵＋Quartz Japan 編著　黒鳥社）をもとに、筆者がまとめた。

ここで、第4章の「逆説モデル」になぞらえれば、ビリー・ビーンは次のような「インサイト」を発見したとも言えます。

みんな／世の中は、

「チームの『平均打率』こそが、勝敗に大きく影響する」

と思っているかもしれないが、
実は／本当は、

「チームの『出塁率』こそが、勝敗に大きく影響する」

と自分は思う。

データから「インサイト」を発見した⁉　独自の「野球観」

ここで大変興味深いのは、「出塁率」というデータは、野球が始まってからずっとあったにもかかわらず、誰もその有用な「価値」を見いだせていなかったことです。コンピューターやインターネットが生まれて、データにアクセスしやすくなるずっと前から「出塁率」というデータはあったにもかかわらず、です。なぜ、ビリー・ビーン（や彼が信奉した野球マニアたち）は、誰が見ても「価値」を見いだせなかったデータから、前述の「インサイト」を発見できたのでしょうか？　なぜ、「出塁率」に注目するに至ったのでしょうか？　それには、彼の人生で培われた、ビリー独自の「野球観」こそが、大きく影響していると考えられます。

ビリーは、非常に大きな注目を浴びて、ドラフト1位でニューヨーク・メッツに入団しました。しかし、大成せずに選手生活を終えています。彼は入団時に、「野球選手になるか？　大学進学をするか？」で非常に悩んだ結果、多額の契約金を目の前に、大学への進学を諦め、野球選手になったのでした。そして、ビリーがスカウトされた一番大きな理由は、ビリーの大柄な体格や、足の速さや肩の強さといった非常に優れた身体能力でした。しかし、選手として打ち気が勝るビリーは、打てないボール球に手を出すことも多く、四球も極めて少なく、「出塁率」

の低い選手でした。その結果、成績もパッとせず、約10年程度で現役生活を引退し、球団のフロント（経営や運営を担当する部署）に入るのです。

ビリーが、自分の野球選手経験から身に染みて理解したことは、「選手の成功に大切なのは、従来の野球界のスカウトが重要だと言うような、恵まれた体格や身体能力といったものではないのではないか？　選手の成功に大きく影響する要因が他に何かあるのではないか？」という、それまでの「常識／定説」に対する、「気づき／違和感」「疑問／問い」だったのではないでしょうか。つまり、彼の人生経験から独自の「野球観」が生まれたことで、以前からあったが誰も重要視しなかった「出塁率」というデータに注目して「インサイト」を発見し、有用な「新たな視点」を見いだして「価値」を提供し、イノベーションを起こすことができたのではないでしょうか。

ただ、ここで大切なのは、このようなインサイトを導き出し、イノベーションを起こすためには「データ」が必要だったということです。データのないところで持ち出されるインサイトは、「思いつき」の枠を出ないことも多いですし、検証も困難です。新しい視点やアイデア、イノベーションを生み出すために、自分独自の人生観から、新しい視点で改めてデータを見直して、「インサイト」を発見していくことも、これからの時代には、ますます大切になっていくかもしれません。

データは、ただの数字です。言ってしまえば、石と同じとさえ言えるかもしれません。ある現実の結果として、そこに存在しているだけです。しかし、同じ石を見ていても、その石が、その場には本来ない珍しく稀少な石だと気づく人もいれば、その石がどんな有用なものに加工できて経済的な価値をもたらすかがわかる人もいます。または、その石があることで、周囲の環境が今後どのように変化していくかの想像がつく人だっているかもしれません。石炭が全盛の時代に、石油はまだその有用性が誰にも理解されておらず、不要なものとして川に垂れ流されていた、という逸話もあります。つまり、石を見る前に、その人ならではの視点で何かに気づき、違和感や疑問を持ち、何かをつかんでいた人にしか、その場にある石から意味や価値、有用性を見いだせません。

つまり、単に多くのデータが手に入り、蓄積されただけでは、そこから自ずと「インサイト」が生まれることはないのです。データを見る前に、あなた独自の気づきや違和感、疑問や問いがある。それらを持って、改めてデータをじっくり見てみることで、自分の気づきや違和感が「インサイト」へと育っていくのです。

デジタル社会の中で、インサイトってどう役立つの？

デジタル化で進む「無駄な雑談」や「手触り感」の喪失

最近では、いわゆるDX（デジタルトランスフォーメーション）と言われるようなデジタル化やリモートワークも一般化してきました。忙しい現代人が、場所や時間にとらわれずに仕事を進めることができるようになったのは非常に好ましいことですが、同時に、以前のように「先輩の背中を見て学べ」といったような暗黙知化されたプロセスを学ぶことも少なくなり、いわゆる「仕事術」の伝達も難しくなってきています。

仕事の合間に行なわれていた一見無駄だと思われるような（でも、多々役立つこともある）雑談や、実際に現場に足を運ぶことも減りました。その結果、リアリティや手触り感、現場感覚を欠いてしまう場合があり、ネットやSNSで集めた情報を頼りに、オンライン空間での抽象的な議論だけが繰り返されることで、一向に有効な課題解決にたどりつかないドツボにハマるような状況も増えてきているように感じます。

そのような状況下で淡々と行なわれる仕事で、以前よりも面白みが減ったと思われる人も多いかもしれません。つまり、デジタル社会の急速な進展によって、心とカラダを大事にしないことに疑問を持たないいまま、それが「仕事」だと思われて進んでしまっているような状況が増えつつあります。

リモートワークやＤＸの流れ自体は好ましい面も多々あるのですが、図らずもそこからこぼれ落ちてしまったものを補う一つの方法論としても「インサイト」は非常に有効です。本書で扱っているように、「インサイト」の方法論は、日常生活でも仕事の場面でも、日々、あなたが直面しているリアリティの塊のような「問題」に対して、あなたが無意識的に試行錯誤しているようなことの延長線上にあります。日常生活で次から次へと生まれてくる問題を、ああでもない、こうでもない、と悩みつつも、感情的で不合理な人間についての理解を少しずつ深めていく「インサイト」の方法論を使えれば、あなたの仕事も、もっと楽しくなるのではないでしょうか。

データやAIの時代。人間だけが生み出せる価値とは？

さらに最近では、データやＡＩが物凄いスピードで発達しています。ロジックやフレームを使って導き出すような、いわゆる「ありきたりの正解」は、データやＡＩが出してくるような世の中になってきました。資料のベースとなる叩き台を作るといった、今まで「新人」が修業も含めてやっていたような仕事は、生成ＡＩが代わりに作業してくれるようになるのはもちろん、もしかしたら、ブレストや打ち合わせの相手も、今後ＡＩがある程度やってくれる時代が来るかも知れません。

ＡＩに詳しい伊藤穰一氏は、次のように述べています。

人間にしかできないこととは「面白いこと」「風変わりなこと」（99ページ）

「自分」という人間ならではの「ひねり」を加えることが重要になる。（１００ページ）

人間が「合理的である」ことの重要性は、どんどん薄れていく。（１０１ページ）

平均点を取るよりも、尖った個性を発揮することが評価される時代になっていく。（102ページ）

（『AI DRIVEN AIで進化する人類の働き方』伊藤穰一著 SBクリエイティブより一部抜粋）

テクノロジーやAIに何ができて、何ができないのか？ その中で人間だけが、あなただけができることは何なのか？ それが問われる時代になってきています。

むしろ、AIは表側に見える常識や定説を効率的に明らかにしてくれるものだとも考えることができます。そのAIがまとめた常識の〝裏側〟に隠れたホンネを探し、そこからインサイトを発見していく仕事は、必然的に人間にしかできない仕事になっていくでしょう。

「インサイト」には、あなたならではの「視座」が最も大切

「インサイト」の探索は、何よりもまず、あなたという一人の人間が、目の前の人間の悩みや欲望といった「隠れたホンネ」に対峙することから始まります。したがって、本書で見てきたように、相手との関係性の中で、その相手を動かす「正解」は一つではありません。

つまり、「インサイト」の探索は、あなたという人間にしか生み出せない「価値」を生み出せるのです。「合理的」であるよりも、ロジックやフレーム、AIにはできない、あなたという人間らしい「ひねり」を加えていくことが大事になる時代。「正しさ」を超える「真の正解」は、AIではなく、あなたの中にあり、それを引き出すのが「インサイト思考」です。

このような大きな変化の時代であるからこそ、まずは、自分のごく身近な人の心の動きや、自分自身の心の動きを丁寧に見ることから始めてみませんか？

好きな場所を旅したり、好きな小説を読んだり、映画を見たり、友人や大切な人と会ったり、そのような日々の何気ない暮らしの中で感じることをヒントにしていくことで、あなたらしい「視座」で世の中を切り取っていけば、一つの正解を導き出す「インサイト」を生み出せるでしょう。

そのプロセスはきっと、あなたの仕事や人生を、楽しく豊かにしてくれることでしょう。

電通シニア・マーケティング・ディレクター　佐藤真木
電通マーケティング・コンサルタント　阿佐見綾香

あとがき

ここまでお読みいただき、本当にありがとうございました。

長々と「インサイト」に関して書かせていただきましたが、筆者も最初から、「インサイト」を意識して仕事をしていたわけでは決してありません。

入社早々「マーケター」という大仰な肩書きをいただいたことに日々恐縮しながらも、数年間、実務を重ねていった頃に、「どうやら、自分のやっている仕事には『インサイト』と呼ばれるものが非常に大切らしい」ということを、周囲からおぼろげに聞き始めるようになりました。しかし、その段階で「インサイト」を理解できたわけでも、使えるようになったわけでも、まったくありませんでした。

その後また、いろんな仕事の経験を重ねたり、先人や先輩の知恵から学ばせていただく中で、偶然にも次のような会社の大先輩の言葉を目にし、この言葉が筆者の心に突き刺さりました。

「そのインサイト、俺の手のひらに乗せてみてくれよ。見えないものを、見えるカタチにしてやることが、僕らの仕事なんですよ。抽象的なきれいごとの言葉をいくら並べたって、それはエモーショナルなものでない。わけのわからない企画書100枚なんて誰が読むかって。数字ばかり羅列しても誰も心を動かされないじゃない」

この言葉を何度も反芻《はんすう》する中で、ふと、みなさんの説明の仕方や、それぞれの言葉は違えども、もしかして、要するにすべては、「インサイトが大事!」と言っているのではないか?という考えに思い至ったのでした。

そこから、改めて「インサイト」に関係するかもしれないと思った文献や資料を片っ端から読み漁ったり、同僚たちや社内外のプロフェッショナルたちにインタビューを重ねたり、自分の今までの仕事を振り返ったり、人の気持ちの動かし方を知ろうとシナリオの作り方を勉強したりしました。その道程で、大変幸運で貴重なご縁や仲間たちにも恵まれ、今回「インサイト」というテーマで、本書籍を執筆させていただきました。

ですので、決して筆者だけで「インサイト」について、何かを新しく突き止めたわけでもありませんし、何かの発見をしたとも考えてはいません。ただ、先人たちや先輩方、同僚、仲間たちの、「人間とはどのようなものかを理解したい!」という日々のあくなき情熱を、たまたま今回筆者が、「インサイト」というテーマで、整理して「編集」するような気持ちで、みなさんにご紹介する機会をいただいた次第です。

もし、この本をお読みいただいた方が、さらにこの本を踏み台にして、この先、「人間とはどのようなものなのか?」ということについての考えを、楽しみながら深めていただけましたら、筆者としてもこの上なく幸せです。

電通シニア・マーケティング・ディレクター　佐藤真木

謝辞

思うように売れない商品を売る戦略を考えたり、壁にぶつかったクライアントの悩みを解決したりするために知恵を働かせる広告会社で仕事をする私たちにとって、「インサイト思考」は何十年も前から戦略の突破口を作るための必要不可欠な武器でした。そしてインサイトを発見することは、私たちにとって最も楽しくてワクワクする仕事でもありました。

ただ、そのノウハウがナレッジとしてまとめて公開されたことは、あまり多くなく、実践と経験を積み重ねながら感覚的に使っていくことが多いものでした。今回体系化してまとめるにあたり、多くの方々のお力添えをいただきました。ここで感謝の言葉を述べさせてください。

本書は、社内の勉強会に端を発しています。プロジェクトメンバーである、電通の現役マーケターのみなさまに、心より感謝申し上げます。前田星平さん、林有紗さん、大野有実さん、金塚成美さん、浅井安奈さん、齋藤神威さん、インタビューと打ち合わせを繰り返す中で「出世魚モデル」が生まれた瞬間は忘れられません。業務が多忙な中で多くの時間と労力を割いてご一緒していただき、本当にありがとうございました。

アサヒビール株式会社のマーケティング本部長の梶浦瑞穂さんおよび元田済さん、京谷めいさん、加藤寛康さんには、大変お世話になりました。本書の中で紹介し、筆者佐藤が担当させていただいた『スマドリバー渋谷』のインサイトは、みなさんとの打ち合わせの中でたどり着いたものです。ともに考え抜き、様々な挑戦をご一緒させていただいたこと、心より感謝申し上げます。

愛知ドビー株式会社の土方邦裕社長、土方智晴副社長、折橋みなさん、石藤諭さん、および協力スタッフの大山よしたかさん、服部友厚さん、中村文隆さんには、佐藤が「バーミキュラ」という魅力的なブランドを担当させていただいたことで、多くの学びと刺激をいただきました。ご一緒させていただき、ありがとうございます。

電通の深田欧介執行役員（ストラテジー）には、本書の全文を通して、マーケティング部門の視点から多くの知恵と助言をいただきました。インサイト発見のためのナレッジをまとめる企画を立ち上げた当初から、私たちチームを温かく見守り応援していただいたこと、心より感謝申し上げます。

マーケティング局の西村大吾郎局長、郡司晶子局長、遠間有平部長、堀田真哉部長には、本書の出版を応援していただいたこと、心より感謝申し上げます。

電通スマドリプロジェクトチーム池田信介さん、田村直人さん、松下仁美さん、櫻木浩一郎さん、岸本かほりさん、大貫元彦さん、林小吾朗さん、永久眞規さん、佐野茜さん、當銘啓太さん、宮井梓さん、野口菜名さんには、『スマドリバー渋谷』のローンチコミュニケーションにおいて、アイデアをいただき、最高のチームとしてご一緒できたことを誇りに思います。

電通ビジネスプロデュース局の戦略プランニング・ディレクターの小宮広高部長には、「インサイト」発見から課題解決につなげたケースで、最もわかりやすいコカ・コーラの事例や、他にも非常にわかりやすい事例をたくさん教えていただきました。小宮さんのおかげで本書のノウハウがよりイメージしやすくなったと思います。心より感謝申し上げます。

電通エグゼクティブ・クリエーティブ・ディレクター／コピーライターの磯島拓矢さんには、インサイト発見を飛躍的に効率化する「逆説モデル」のノウハウで多くの知恵をいただきました。本当にありがとうございました。

インサイト発見のノウハウの言語化にあたり、インタビューにご協力くださった電通のみなさま、電通出身のプランナーのみなさまにも、御礼申し上げます。林信貴さん、田中泰広さん、小布施典孝さん、吉浜宏紀さん、安富香乙理さん、長野隆史さん、福田博史さん、千田智治さん、小野総一さん、吉川隼太さん、日比昭道さん、若林宏保さん、池田一彦さん、廣田周作さん、多くの事例の共有と経験の言語化にご協力いただき、ありがとうございました。

また、あまりにも数が多くお名前は記載できませんが、画像・資料のご提供や文章の事実確認などでお力添えいただいたみなさまにも、この場を借りて厚く御礼を申し上げます。

著者阿佐見の夫で『頭のいい人の対人関係　誰とでも対等な関係を築く交渉術』（サンクチュアリ出版）の著者である犬塚壮志さんには、今回の出版の機会をつなげてもらい、企画や内容についても多くの知恵と助言をいただきました。応援してくれて本当にありがとうございました。

装丁家の三森健太さんには、私たちのこだわりを最大限にくみ取って、最高に素敵なカバーデザインと本文デザインを作っていただき、心より感謝いたします。

編集者の多根由希絵さん、サンマーク出版のみなさまには、難しくなりがちな本書のコンテンツをわかりやすく使いやすくするアイデアを多くいただきました。深く御礼申し上げます。

最後に、本書を手に取ってくださった読者の皆さまに感謝申し上げます。「インサイト思考」に興味を持ち、手に取っていただけたことを嬉しく思います。本当にありがとうございました。

参考文献

『広告マーケティング力』広告マーケティング力編集委員会編　誠文堂新光社

『ゼロ・トゥ・ワン　君はゼロから何を生み出せるか』ピーター・ティール　With ブレイク・マスターズ著　関美和訳　瀧本哲史序文

『行動経済学が最強の学問である』相良奈美香著　SBクリエイティブ

『行動経済学まんが ヘンテコノミクス』佐藤雅彦＋菅俊一原作　高橋秀明画　マガジンハウス

『AI DRIVEN　AIで進化する人類の働き方』伊藤穰一著　SBクリエイティブ

『マネーボール』マイケル・ルイス著　中山宥訳　二宮清純解説　ランダムハウス講談社

『「欲しい」の本質　人を動かす隠れた心理「インサイト」の見つけ方』大松孝弘　波田浩之共著　宣伝会議

『戦略インサイト　新しい市場を切り拓く最強のマーケティング』桶谷功著　ダイヤモンド社

『「心」が分かるとモノが売れる』鹿毛康司著　日経BP社

『それ、なんで流行ってるの？　隠れたニーズを見つけるインサイト思考』原田曜平著　ディスカバー携書

『欲望とインサイト　インサイトハンターの日常』坂井直樹　四方宏明共著　スピーディ

『類人猿の知恵試験』ケーラー著　宮孝一訳　岩波書店

『瞬時に「言語化できる人」が、うまくいく。』荒木俊哉著　SBクリエイティブ

『言葉の技術　思いつくものではない。考えるものである。』磯島拓矢著　朝日新聞出版

『書くことについて』スティーヴン・キング著　田村義進訳　小学館文庫

『「言葉にできる」は武器になる。』梅田悟司著　日本経済新聞出版

参考文献

『街場の文体論』内田樹著　ミシマ社

『コンセプトの教科書　あたらしい価値のつくりかた』細田高広著　ダイヤモンド社

『感情とはそもそも何なのか　現代科学で読み解く感情のしくみと障害』乾敏郎著　ミネルヴァ書房

『表現の技術　グッとくる映像にはルールがある』高崎卓馬著　中央公論新社

『電通現役戦略プランナーのヒットをつくる「調べ方」の教科書　あなたの商品がもっと売れるマーケティングリサーチ術』阿佐見綾香著　ＰＨＰ研究所

『問いのデザイン　創造的対話のファシリテーション』安斎勇樹 塩瀬隆之共著　学芸出版社

『問いかけの作法　チームの魅力と才能を引き出す技術』安斎勇樹著　ディスカヴァー・トゥエンティワン

『観察力の鍛え方　一流のクリエーターは世界をどう見ているのか』佐渡島庸平著　ＳＢ新書

『感情は、すぐに脳をジャックする』佐渡島庸平　石川善樹　羽賀翔一共著　Gakken

『言葉のズレと共感幻想』細谷功　佐渡島庸平共著　dZERO

『具体と抽象　世界が変わって見える知性のしくみ』細谷功著　dZERO

『「具体⇅抽象」トレーニング　思考力が飛躍的にアップする29問』細谷功著　ＰＨＰビジネス新書

『週刊だえん問答　コロナの迷宮』若林恵＋Quartz Japan編著　黒鳥社

『週刊だえん問答　第2集　はりぼて王国年代記』若林恵＋Quartz Japan編著　黒鳥社

『さよなら未来　エディターズ・クロニクル２０１０〜２０１７』若林恵著　岩波書店

佐藤真木（さとう・まき）

株式会社電通 第3マーケティング局
シニア・マーケティング・ディレクター
慶應義塾大学経済学部卒業。2004年、株式会社電通に入社後、主にマーケティングやブランディング、戦略立案に従事。大手クライアントから官公庁、地方自治体、スタートアップまで、100社以上のキャンペーン設計、広報戦略、新商品開発、新規事業戦略、ビジネスデザイン、企業ブランディング、地域ブランディング、アート思考研修などの企画、実施、ディレクションを行う。共著に『場所のブランド論』（中央経済社）、教育講座の執筆協力に『想像力を武器にする「アート思考」入門』（PHP研究所）がある。

阿佐見綾香（あさみ・あやか）

株式会社電通 第4マーケティング局
マーケティング・コンサルタント
埼玉県さいたま市浦和出身。早稲田大学卒業後、2009年、株式会社電通に入社。以来、マーケティング・コンサルタントとして、数多くの企業のマーケティング、経営戦略、事業・商品開発、リサーチ、企画プランニングに従事。担当した業種は化粧品・アパレル・家庭用品・食品・飲料・自動車・レジャー・家電など。大手企業だけでなく、ベンチャー・中小企業も担当するなど、幅広い業種・規模の企業を手掛ける。著書に、累計2万部越えのベストセラーとなった『電通現役戦略プランナーの ヒットをつくる「調べ方」の教科書 あなたの商品がもっと売れるマーケティングリサーチ術』(PHP研究所)がある。

センスのよい考えには、「型」がある

2024年11月30日　初版発行
2025年 1 月25日　第3刷発行

著　者　佐藤真木、阿佐見綾香
発行人　黒川精一
発行所　株式会社 サンマーク出版
〒169-0074 東京都新宿区北新宿2-21-1
電話　03(5348)7800
印刷・製本　中央精版印刷株式会社

ISBN978-4-7631-4183-5　C0030
https://www.sunmark.co.jp